CUENTOS PARA APRENDER YOGA

Cómo enseñarles yoga a los niños mediante el uso de cuentos

de
Sydney Solis
Maestra certificada de yoga
(RYT, por sus siglas en inglés)

Fotografías de Michele Trapani

THE MYTHIC YOGA STUDIO
Boulder, Colorado

D1441751

The Mythic Yoga Studio
PO BOX 3805
Boulder, Colorado 80307

www.MythicYoga.com
www.StorytimeYoga.com

Primera edición – Cuarta impresión

Datos de catalogación de la Biblioteca del Congreso 2006909862

Solis, Sydney, 1966-
CUENTOS PARA APRENDER YOGA:
Cómo enseñarles yoga a los niños mediante el uso de cuentos / de Sydney Solis
Storytime Yoga: Teaching Yoga to Children through Story / by Sydney Solis

ISBN 978-0-9777063-3-4

1. Yoga, Hatha   2. Ejercicio   3. Yoga, Hatha, para niños   4. Ejercicio para niños
5. Relato de cuentos para niños   6. Técnica para contar cuentos

Para pedir copias adicionales de este libro, visite www.storytimeyoga.com o llame al
303-456-6311.

Fotografías de Michele Trapani

Modelos: Janine Hay
           Cali Machen
           Alejandro Solis
           Paloma Solis

Ilustración de la portada de Susannah Pels

Diseño de Mary Schaeffer

Fotografiado en el Green Mountain Yoga Studio, Arvada, Colorado.

Éste es un programa de ejercicios y no tiene como propósito dar consejos específicos de salud o médicos. Por favor consulte con su médico antes de comenzar un programa de ejercicios.

Dedicado a
mis hijos,
Frank Alejandro y Paloma Elena,
quienes comenzaron todo esto,

Y a su padre,
Frank Quesada Solis
1955-2003.
Que en paz descanse.

AGRADECIMIENTOS

Debo agradecer a las muchas personas que han bendecido mi vida y ayudado a dar a luz este libro.

En primer lugar, agradezco a mis bellos hijos, Alejandro y Paloma. Agradezco también a mi padre, Albert Straub, que me inició en el yoga, y a mi hermana, Narada Dasi Johnson, que sigue siendo mi maestra de yoga y mi amiga más querida. Deseo expresar mi amor y agradecimiento hacia mi hermana menor, Jeanie Straub, y a mi hermano, Albert Straub, porque los tres hemos pasado por tantas cosas juntos.

Agradezco a mi editora y santa, Eli Gottlieb, y por las muchas visitas a la Casa de Té Dunshabe, para ayudarme con este libro. Gracias a Alex Everitt, por mantenerme yang y concentrada, y a mis amigos más queridos, Greg Shaw, Gina Otto, Elizabeth Padilla, Bill Yesberger, Dennis Tenney, Rick Thompson, Lane Ross y Mark Casey. Deseo enviarle un gran abrazo especial a la increíble Brenda Abdilla, y también a Mark Le Blanc, de Small Business Success. Y por supuesto, deseo agradecer a los maravillosos Michael Henry y Andrea Dupree, de Lighthouse Writers. También agradezco a Stuart Yoshida, de Introspective Designs, y a todos los amigos de Joseph Campbell Foundation Roundtable Colorado.

Gracias a Susan Merrill, de Ásana Studio, en Golden, por dejarme enseñar allí mis primeras clases, y a Juju Lucena, por ser mi primera estudiante de yoga para niños. Me siento muy agradecida a mi maestra de yoga, Bahkti, por sus maravillosas y sinceras enseñanzas y el amor que me ha brindado a través de los años. Gracias a Mindy Arbuckle y a Green Mountain Yoga Studio, en Arvada, Colorado. Gracias Frank Cochran, por eliminar mi obstáculo final.

Agradezco a Bev y a Tom Brayden, de Jeffco Spellbinders, por iniciarme en el camino de la narración. Doy gracias a mis mentores, Laura Simms, el corazón de la narración compasiva, y a Rebecca Armstrong, por mostrarme cómo soñar el mito en mi cuerpo, corazón y alma.

Gracias a los diversos maestros de yoga que han influenciado mi vida a través de los años: Patricia Hanson, Meredith Vaughn, Cindy Lusk, John Friend y Anthony Bogart.

Les envío un agradecimiento especial a todos los niños a quienes he enseñado yoga y con quienes desarrollé este programa: los niños de la Logan School for Creative Learning (Escuela Logan de Aprendizaje Creativo), en Denver Colorado, de la Escuela Montessori de Golden, de la Escuela Montessori Free Horizon, en Golden Colorado, de la Escuela Primaria Shelton, en Golden, Colorado, de la Academia Montessori Peaks, en Littleton, Colorado, de Lakewood Head Start, y a las docenas de otros niños a quienes he disfrutado enseñar yoga y narrar historias.

Gracias a mi querida amiga desde el séptimo grado, Jennifer Thomas, por las transcripciones de música, y por mantenerme joven y osada.

Agradezco a Martissa Spencer por enseñarme el amor de la familia. Y finalmente, un agradecimiento especial a Susan Kaplan, por sugerirme que creara volantes para una reunión de maestros. En vez de eso, escribí este libro.

TABLA DE CONTENIDO

SALUD y ALFABETIZACIÓN a través del YOGA y la NARRACIÓN para NIÑOS y FAMILIAS

El yoga estaba en mi vida aún antes de que supiera que se llamaba "yoga". Y los cuentos han sido un elemento fundamental de mi manera de sentir la vida casi desde mi nacimiento. Le debo estas dos cosas a mi padre. Un holandés que creció en Indonesia, él llenó mi mente joven con fragantes cuentos

de la verde selva llena de vida, de trepidantes montañas volcánicas, de babú la enfermera, el kebong (jardinero) y de la vida en un palacio de sultán tan grande como Dios.

Los antecedentes de mi madre eran apenas menos coloridos. Ella era una viajera constante, descendiente de checoeslovacos de Bohemia. Sus nueve hermanos ayudaban todos a trabajar en la empresa de familia de pintura, marmolería e imitación de madera y

mármol. Los cuentos que me contaban me conectaban con el exterior, al mundo de mis padres y el pasado, y en la brillante transparencia de la infancia, me permitieron convertirme en esos cuentos. De ese modo yo era el tigre que se agazapaba bajo la casa gruñendo. Yo era la persona que vertía kerosén en las grietas para matar a los escorpiones que allí anidaban. Yo era la persona que de la nada creaba mis propios mundos.

Como tenía un baúl lleno de libros de religión y filosofía, mi padre también abrió mi mente a los reinos del pensamiento abstracto y a la aventura del espíritu. Además, su delicado cuerpo físico me enseñó no sólo sobre la naturaleza precaria de la vida sino también sobre la "salud radiante" a la que aspira el yoga.

Más adelante en la vida, cuando tuve que soportar los traumas que componen toda existencia individual, me salvaron una y otra vez el yoga, que llegó a establecerse en el centro de mi existencia, y la sabiduría de los cuentos. El yoga y la narración de cuentos son actos creativos gemelos, que juntos nos explican mucho sobre nuestra especial condición de "seres humanos". Además, ambos son usos cuyo resultado neto es un aumento de compasión, fortaleza, sabiduría y capacidad de concentración.

La narración de cuentos es una especie de conexión del yo personal con el cuento, y a través de ese cuento, con el mundo más amplio. En la tradición judía, se cree que Dios creó a los humanos porque amaba los cuentos. De ser así, eligió a la especie correcta. El alma humana habla a través de imágenes, dicen los griegos, y las imágenes son el corazón del cuento. La narración de cuentos personales produce la curación que se siente cuando la historia propia es atestiguada y validada por otro ser humano. En esa narración, la energía se convierte en otra cosa. Cambia nuestra relación con lo material. Se completa y templa con la narración.

Tanto el yoga como la narración de cuentos parten de un punto de calma y reposo. Después de todo, el mundo moderno fragmenta y pulveriza la atención humana. El bombardeo de los medios y de la vida cotidiana parecería ser una especie de violencia controlada. Encima de eso, las ciencias y la creencia contemporánea en la racionalidad perfecta del universo tienden a achatar las cosas, apagando nuestra capacidad de maravillarnos. Debemos volver a esa visión fresca, que nos es innata, y sólo puede expulsarse lentamente.

El yoga y la narración de cuentos funcionan mano en mano para recuperar la capacidad de asombro. Adicionalmente, los cuentos brindan mapas del camino, que ayudan sutilmente a los niños a tomar decisiones en la vida. Después de todo, los cuentos de hadas incluyen elementos importantes de psicología clásica. Es extremadamente beneficioso proveerles estas herramientas a los niños a una edad temprana.

Esto es especialmente cierto ahora que a los niños se les recetan cada vez más medicamentos para tratar trastornos de déficit de atención e hiperactividad (ADHD, por sus siglas en inglés) y otros síndromes relacionados con los nervios y la ansiedad. ¡La televisión no es buena para los niños! El hecho de que las calificaciones en lectura hayan bajado es en gran parte responsabilidad de la televisión y una cultura de entretenimiento pasivo. Tampoco ayuda el traslado general de la lectura en las bibliotecas a los medios digitales. Como resultado inevitable de esta vida cada vez más sedentaria,

> *Sobre todo, es divertido enseñar yoga y narrar cuentos a los niños.*

la obesidad infantil ha alcanzado niveles nunca antes vistos. Además de esto, la falta de comunidad y las largas horas de trabajo de los padres estresados disminuyen el ya reducido "tiempo personal" entre niños y padres y refuerza los hábitos de aislamiento de los niños que necesitan comunicarse con algo que no sea una pantalla que parpadea. Dicho sea de paso, esto sucede en todos los niveles socioeconómicos.

Como padres, es responsabilidad especial nuestra dedicarnos al cuidado y la educación de estos seres inteligentes que vienen al mundo y dependen de nuestra generosidad y atención. El ver a un niño realizar una pose de yoga con estilo, fortaleza, autodisciplina y la confianza necesaria siempre despierta amor y alegría en el corazón del padre. El ser testigo de la vital imaginación del niño que enfoca su mente en la satisfacción de narrar un cuento es conocer la magia de la cual somos capaces todos los seres humanos. Al concentrar su energía y otorgarles el control de sus cuerpos, brindamos a los niños el poder de crear sus propias vidas y vivir en paz y armonía con los demás.

Sobre todo, enseñar yoga y narrar cuentos a los niños es divertido. Volver a ser un niño y despojarse de las preocupaciones de adulto es como remojar nuestra alma en el refrescante arroyo de la vida nueva. Cuando lo hacemos, ayudamos a sanar nuestras propias heridas de la infancia. Mediante el acto de practicar yoga y enfrentar – y superar – las limitaciones de nuestra edad y personalidad, crecemos espiritualmente gracias a la labor disciplinada que realizamos. En el proceso, nos presentamos como maravillosos modelos para nuestros hijos. Espero que mis propios hijos puedan usar las capacidades que contiene este libro para navegar el mundo y tomar decisiones informadas. ¿Qué regalo más grande podemos darles a nuestros hijos que plantar en ellos las semillas de la salud e imaginación a través del yoga y la narración de cuentos?

La BELLEZA y el PODER CURATIVO del YOGA y los CUENTOS

Este libro ha sido creado para una amplia gama de lectores, y es feliz de ser usado tanto por maestros de yoga, gimnasia o escuela, bibliotecarios, centros de cuidado infantil y grupos para jóvenes, como por padres o cualquier otra persona que quiera aportar la alegría y el poder curativo del yoga y la narración de cuentos a los niños en su hogar, salón de clases o comunidad.

El libro emplea la magia de los cuentos, junto con la sabiduría milenaria del yoga, para permitir a los niños desarrollar la conciencia de su propio cuerpo combinada con un placer en el uso de lo que los niños, todos los niños, tienen a paladas: imaginación. Junto con esto viene un aumento de la autosuficiencia, las capacidades sociales, las aptitudes verbales y de lectura y todas las cosas maravillosas que nacen de esos logros.

Para aquellos de ustedes que ya son practicantes del arte del yoga, no es necesaria una mayor explicación de esta disciplina maravillosa. Para quienes no lo son, unas pocas palabras informativas. El yoga es mucho más que un ejercicio físico. Es más bien un conjunto de herramientas que aumentan nuestra conciencia de la interconexión de todos los seres vivos al mismo tiempo que dirige al individuo, en cuerpo y alma, hacia una salud radiante. El yoga es una disciplina de la conciencia. Cuando la practicamos, nos volvemos más compasivos. Naturalmente tendemos hacia lo mejor de nuestra naturaleza. Sentimos algo parecido al amor.

El mitólogo Joseph Campbell dijo que el propósito de un símbolo religioso es apuntar más allá de la imagen hacia lo trascendental, antes de regresar hacia lo personal. En el yoga, uno experimenta precisamente esa sensación de estar conectado como individuo que avanza en una danza más amplia de tiempo, destino y vida. Este tipo de sensación religiosa puede encontrarse incluso entre las figuras fundadoras de los Estados Unidos de Norteamérica, que eran casi todos deístas, lo cual significa que creían que la mente humana es directamente capaz de conocer la mente de Dios.

El yoga no sólo significa amor por la creación no diferenciada. También significa amor hacia uno mismo. Invariablemente, este proceso que continúa menguando, creciendo y fluyendo durante toda la vida del individuo, tiene que ver con un proceso curativo. Todos estamos heridos. Todos somos imperfectos. Como adultos, la práctica del yoga, en especial combinada con la narración de cuentos, nos permite pasar por un proceso de depuración. Al hacerlo, podemos interrumpir la proyección refleja de nuestros propios egos en nuestros hijos, y brindarles una tabla rasa libre de nuestros asuntos emocionales no resueltos. Los pecados del padre afectan al hijo, dice la Biblia. Si la energía no se reconoce y transmuta, el hijo sufre el mismo destino que el padre. El yoga y la narración de cuentos se combinan de manera única para dejar salir las emociones reprimidas del lugar en el que han estado almacenadas dentro del recipiente de la mente y el cuerpo humanos. Mi propia experiencia me indica que el yoga y los cuentos pueden funcionar conjuntamente para sanar asuntos que de otro modo no somos capaces de enfrentar y resolver. La transformación puede darse una vez que el recuerdo se vuelve consciente y se elimina la energía. De la muerte nace la vida, como demostró Cristo. De los cuentos nacen nuevos significados.

LA NARRACIÓN DE CUENTOS

Albert Einstein dijo: -Si desea que sus hijos sean inteligentes, nárreles cuentos. Si desea que sean realmente inteligentes, nárreles más cuentos. Si desea que sus hijos sean brillantes, nárreles aún más cuentos.

La narración de cuentos, que se abre en el quinto chakra de la garganta, actúa como la principal manera no sólo de darle sentido sino agregar valor a nuestras vidas. Individualmente, concebimos nuestras vidas como cuentos, con comienzo, medio y final. Estos cuentos tienen héroes y villanos, tías bondadosas y padrastros malvados. Y sin embargo, a medida que envejecemos y adquirimos experiencia, descubrimos que sólo existe un cuento: el cuento de la especie humana. Es una súper narración que incluye todos los demás cuentos de amor, de odio, los nacimientos, las bodas, los primeros empleos y las pequeñas cosas que hacen los niños.

Una de las pequeñas cosas que hacen los niños a temprana edad es narrarse cuentos a sí mismos y narrar cuentos a sus amigos. No es necesario mayor comprobante de la habilidad de la mente humana de darse sentido a sí misma que la capacidad infantil de improvisar una historia sin entrenamiento alguno y de manera espontánea. Este proceso, cuando es alentado por el tipo de ejercicios que contiene este libro, no sólo aumenta la alfabetización y las capacidades de escribir, hablar y escuchar de los niños. También les permite aprender las relaciones entre los símbolos, por ejemplo, hechiceros, animales y héroes, y los valores que representan, lo cual conjuntamente alienta la sutileza y la complejidad en la joven mente. La narración de cuentos les brinda a los niños herramientas básicas para enfrentarse a los desafíos de crecer.

En el mundo frenético de hoy, la narración de cuentos también ofrece momentos de tranquilidad, y la paz que se genera cuando una persona atrapa la atención del oyente con la narración de una historia. Esta actividad permite mejorar la vida en el hogar y abrir los canales de comunicación esenciales para que el padre pueda ofrecerles cimientos sanos a sus hijos.

EL YOGA

Quedé horrorizada al descubrir a los 38 años de edad que caminaba completamente mal y tenía escoliosis provocada por un tobillo débil, lo cual causaba un problema renal. Fui capaz de corregir el problema en un plazo de seis meses de practicar yoga de forma dedicada gracias a una conciencia de mi desalineación y una atención consciente brindada a mi cuerpo, mis emociones y pensamientos. La combinación de la respiración, atención al cuerpo y mis actividades cotidianas con ejercicios para fortalecer las piernas, flexiones de espalda, ejercicios para abrir la cadera y más, volvieron a alinear mi cuerpo. Le presté atención especial al simple hecho de caminar – apoyando primero el talón hasta llegar al dedo gordo del pie para luego impulsarme con el dedo gordo del pie contrario. Al principio fue muy frustrante tener que volver a aprender algo tan básico como caminar, pero con la práctica diaria, aprendí cómo se camina correctamente y ahora esto forma parte de mi vida.

Si mi cuerpo hubiese estado siempre alineado mediante la práctica preventiva y cotidiana del yoga, hubiera aprendido a caminar correctamente de niña, lo cual hubiese evitado muchos dolores y caros medicamentos y médicos.

Adicionalmente, el yoga mejoró mi salud mental. Habiendo luchado contra la depresión en mi juventud y gran parte de mi vida adulta, el ejercicio habitual de meditación, ejercicios de respiración y ásanas, combinados con terapia psicológica, ayudaron a aliviar mi depresión y me asistieron a enfocar la mente y mejorar mi autoestima.

No existe ninguna contraindicación para la práctica del yoga con los niños. En todas las edades y etapas de la vida, el cuerpo naturalmente tiende a buscar la homeostasis. El yoga entiende esa tendencia natural, y la alienta. El yoga también alimenta el sistema nervioso, y porque lo hace, tiende a reducir las necesidades emocionales que causan que comamos en exceso, la plaga literal de obesidad que afecta a los jóvenes de Estados Unidos. Además, la disciplina del yoga es muy útil para asistir al niño a formar una relación con su cuerpo que no tenga que ver con satisfacer una expectativa externa. El yoga es enteramente egoísta en el mejor sentido de la palabra. Es "ego" – ísta, porque a través del cuerpo y el espíritu, nutre el yo, y lo hace a cualquier edad.

La meditación, que también es un elemento integral de este libro, es un efecto secundario del yoga. La meditación viaja por el cuerpo para encontrar el espíritu, dondequiera que esté, y lo devuelve a una suave consciencia de sus límites y profundidades. La meditación nos permite sintonizarnos con nuestra verdadera identidad interior. Más allá de la identidad individual están el amor, la alegría y la paz, la identidad universal de la especie humana, a la cual también accede la meditación. Al centrarse en esa alegría, el nivel de estrés del niño baja. Él o ella se vuelve más confiado en sí mismo, libre de temores y en última instancia tranquilo en su medio ambiente. La concentración aumenta, con un arco iris de efectos positivos en la vida del niño, desde mejor desempeño escolar, y mejores relaciones y creatividad, hasta una mayor autoconfianza y respeto por los demás. La relajación profunda, o savasana, brinda a los niños la oportunidad de bajar la velocidad en nuestro mundo a la carrera, y con ese descanso, permite cultivar sus facetas contemplativas o espirituales. El yoga y la relajación, así como la expresión del yo a través de la narración de cuentos, proveen una alternativa SALUDABLE para la televisión después de un día ajetreado.

Nunca antes ha sido tan importante este tipo de tranquilidad mental en la formación de la niñez, porque el mundo de la niñez jamás ha sido tan frenético como lo es ahora. La niñez es ahora el ámbito de los especialistas en mercadotecnia, que esquivan prolijamente a los padres y dirigen sus ofrecimientos directamente a los niños. El resultado es un bombardeo constante de sonido e imágenes que son absorbidas por las mentes indefensas de los niños. Con esto se genera una verdadera separación de la mente y el cuerpo, con la atención puesta siempre afuera, en el mundo exterior. El mundo interior — o la imaginación, el mundo del amor, los símbolos, las palabras, los números y los conceptos — queda seriamente menospreciado, y con él se pierde el vivaz e independiente sentido de uno mismo. En mi opinión, el trastorno de hiperactividad y déficit de atención (ADHD, por sus siglas en inglés) es el resultado de la energía psíquica esencial exteriorizada por los niños que han perdido o desubicado esta relación primaria con su vida interior. Las personas estresadas están siempre agotando el sistema nervioso simpático, lo cual agota el corazón y los nervios. El yoga y la narración de cuentos van al lugar de la niñez moderna donde más se necesitan la calma y la alegría expansiva: el mundo interior. Las investigaciones demuestran que los niños con poca imaginación son más violentos porque no son capaces de visualizar alternativas para el conflicto. Los niños que poseen imaginaciones poderosas también son más autosuficientes. Son capaces de enseñarse a sí mismos, en vez de ser obligados a aprender.

LA DIVERSIDAD

Uno puede practicar cualquier fe, religión o credo y aún así hacer yoga. El yoga no es una religión, sino una disciplina que alinea al individuo con su yo y propósito verdaderos. El creer en la divinidad es una elección personal que no puede imponérsele a nadie. Esto violaría las normas del respeto y la privacidad. Pero si somos capaces de escuchar las mitologías de los demás de manera pacífica, afectuosa y libre de juicios de valor, las religiones del mundo podrán unirse y de ese modo subsanar las diferencias y llegar a un entendimiento. Las narraciones que aparecen en este libro son fácilmente adaptables para su uso dentro del marco escolar. Se puede modificar u omitir cualquier elemento que haga referencia a la religión.

En conclusión, amigos y lectores, los dejo con unas pocas palabras. La enseñanza de niños es una experiencia muy diferente a la enseñanza de adultos. Si ya ha enseñado a niños, lo sabe. Si no lo ha hecho, deseo decirle que esta experiencia feliz debe ser impulsada por un espíritu de juego y libertad. Las claves son la paciencia, la calma y el fluir naturalmente. Tal vez no alcance la meta que se propuso ¡pero no hay problema! Es como un cuento de hadas. Uno recibe su deseo, pero no siempre de la forma esperada.

Si no practica yoga con regularidad, lo aliento a que lo haga. Encuentre a un maestro de yoga en su vecindario, centro de actividades recreativas o gimnasio. Es posible que tenga que probar a varios antes de encontrar a uno apropiado para usted. Invite a sus amigos a tomar clases de yoga y comprométanse a practicar juntos. Incluyan a sus hijos y practiquen con ellos. Establezcan un programa de yoga y narración de cuentos en su escuela, y realicen con regularidad sesiones de yoga y narración de cuentos en familia en su hogar.

Organicen semanal o mensualmente círculos de narración de cuentos en su hogar y en los hogares de sus amigos. Puede comenzar hoy mismo a narrar cuentos. Simplemente reúna a un niño, niños o amigos a su alrededor y diga: -Permítanme contarles un cuento. No se negarán.

La práctica del yoga y la narración de cuentos han llenado mi vida de bendiciones. Les deseo estas mismas bendiciones a usted y a sus hijos.

¡Namasté!

CÓMO ESTABLECER LA COSTUMBRE DE HACER YOGA Y NARRAR CUENTOS EN FAMILIA

Pasar tiempo en familia es una de las maneras más valiosas de crear lazos emocionales más fuertes, fortalecer la comunidad de la familia y reunirse para alentar los sentimientos de amor y respeto mutuos. Se pueden fortalecer estos lazos estableciendo una hora de yoga y narración de cuentos en familia.

Después de que nacieron mis hijos practicaba yoga con ellos a mi lado. Ya fueran pequeños bebés o niños de dos años que gateaban por debajo mío cuando hacía la postura del perro mirando hacia atrás, yo aceptaba que así sería mi práctica de esta actividad. Tal vez no logre hacer mucho, pero sí disfrutará de pasar tiempo con sus hijos de un modo nuevo, santificado por el yoga, y ellos disfrutarán de estar con usted. Jamás olvidaré el momento en el que le hice una reverencia a mi hija y le dije namasté. Ella me devolvió la reverencia y me dijo: -Mami, dame más té. Se me derritió el corazón, y me sumergí con amor en sus oscuros y extravagantes ojos de pestañas larguísimas. A medida que crezcan sus hijos, crecerán también su estudio y el estudio de sus hijos. Ahora mis hijos de cuatro y siete años practican yoga conmigo dos veces por semana, y en general practicamos meditación tres o cuatro veces por semana. La actividad de narrar cuentos ha enriquecido sus vidas de incontables maneras, además de haberlos ayudado mucho en su alfabetización.

Es bastante simple establecer una hora de yoga y narración de cuentos. Marque un horario y día que tengan un poco de espacio tranquilo y disponible. Es posible que lo más apropiado sea elegir un sábado o domingo por la mañana o por la tarde.

Cuando elija un horario, asegúrese de que sea uno que pueda cumplir con regularidad. Practicar el mismo día a la misma hora mantiene vivo el ritual y ayuda a los niños a valorar la actividad, además de crear la importante fuerza del hábito.

Puede narrar historias y practicar yoga en cualquier parte, como por ejemplo aquí, en la biblioteca de la Escuela Primaria Shelton, ubicada en Golden, Colorado.

Los niños se sienten instintivamente atraídos a la santidad, el ritual y la ceremonia. Cree un altar de familia simple reuniendo unas velas, objetos especiales y fotos de la familia. Esto concentra la energía de los niños en un lugar especial, y tal vez sea útil para ilustrar sus historias. Los niños aprenderán a identificar este lugar especial con el tiempo pasado en familia, el yoga y la narración de cuentos y lo esperarán con ansias. Después de acontecimientos de familia especiales, tales como cumpleaños, vacaciones en familia, días divertidos e incluso muertes en la familia, pídales a los niños que encuentren pequeños objetos que simbolizan esa experiencia para colocarlos en el altar. Pueden crear objetos con arcilla, pintura, o hacer una manualidad para colocar en el altar. Hasta pueden dibujar algo, doblarlo y colocarlo en una caja especial en el altar. Recuerde que la ceremonia es siempre importante. Pídales a los niños que hablen sobre el objeto, lo que pasó, por qué lo eligieron y lo que significa. También comparta sus sentimientos e historias.

Con supervisión, permita que los niños enciendan una vela, muevan un palillo de incienso encendido de un lado a otro o hagan sonar una campanilla. Luego comience con una meditación simple. Con los niños pequeños, es suficiente realizar una meditación de un minuto en el que se escuchan sonidos, se respira, se dice un mantra o se permanece callado. Los niños mayores pueden meditar por tres minutos o más. Haga unos pocos ejercicios de precalentamiento, y luego use Cuentos para aprender yoga, o cualquier otro método de yoga, para comenzar el ejercicio. Después de la narración y las posturas de yoga, puede continuar con más posturas de yoga, o, con los niños más pequeños, pasar a la relajación. Es importante recordar que no hay meta ni resultados específicos que alcanzar, sino simplemente ESTAR juntos y fortalecer nuestra relación con nosotros mismos y con los demás.

Después de la sesión de yoga, es divertido contar unos pocos cuentos. Después de algunas semanas de rutina, es posible que los niños estén centrados, tranquilos y muy receptivos. A los niños les encanta escuchar cuentos, pues estos contienen un marco de referencia interno que atrae a las mentes jóvenes. Se pueden contar algunos cuentos tradicionales folclóricos, o rimas simples y juegos simples para los niños más pequeños. A los niños casi siempre les gusta escuchar narraciones sobre su nacimiento o cosas graciosas que hicieron cuando eran más pequeños. También les encanta escuchar narraciones sobre las vidas de sus padres cuando éstos eran jóvenes. No olvide contar historias sobre los abuelos y antepasados. Estas historias generan un sentimiento de pertenencia, identidad, crean raíces y continúan el legado de la familia. Las viejas fotos de la familia son excelentes para iniciar una narración.

Cuando sienta que es el momento apropiado, invite a los niños a contar sus propias historias. Hasta los más pequeños pueden expresarse usando pocas palabras. Hacer preguntas es una manera útil de hacer que los más pequeños piensen. No es necesario que sean cuentos complicados. Con unas pocas palabras basta, y los niños mayores se vuelven más expresivos y pueden repetir las historias que acaban de oír. Adicionalmente, durante la actividad de yoga o narración de cuentos, es posible que los niños mencionen otros pensamientos y emociones que han estado cargando, tales como inquietudes sobre la escuela, presiones, la muerte u otros temas. Éste es un buen momento para escucharlos, ser receptivo y responder a lo que sus hijos desean contarle. Después de que haya pasado un cierto tiempo y haya varios objetos en el altar, organice una sesión de narración de cuentos sobre el altar. En esta actividad, el niño debe elegir un objeto que él o ella ha colocado en el altar y hablar sobre él.

Por supuesto, visite la biblioteca pública y enséñeles a sus hijos a leer y a realizar investigaciones en el Internet. ¡Disfrute!

CÓMO ENCONTRAR Y NARRAR CUENTOS

La narración de cuentos es una forma de arte en sí misma, y uno mejora con la práctica. Según mi experiencia, hay algunas cosas prácticas que podemos hacer para facilitar y hacer más eficaz la narración de cuentos.

Como narrador de cuentos, uno está siempre leyendo, buscando cuentos nuevos e interesantes que resuenan en su corazón. Visite con frecuencia su biblioteca. A los bibliotecarios les encanta ayudar. Existen docenas de cuentos, cuentos folclóricos, mitos, cuentos de hadas y más bajo las letras de referencia 398.2 en la sección juvenil. Elija cuentos y narraciones que le atraigan y le gusten de verdad. Busque personajes interesantes y vivaces y un comienzo, trama y desenlace interesantes y emocionantes. Aliente a sus niños a contar los cuentos que le han oído contar a usted. Repita las mismas narraciones con frecuencia. Es así como llegan a recordarse y pasan de una generación a otra.. Luego presente narraciones nuevas. Vea la sección de recursos ubicada al final de este libro para obtener ideas.

A los niños les encantan las historias de sabiduría simple y los cuentos de hadas más largos. A los niños más pequeños les gustan las rimas infantiles, los juegos con los dedos, los títeres, las canciones y la poesía. Yo siempre les cantaba a mis hijos la canción de Eugene Field, ¨Winken, Blinken y Nod¨, así como la canción folclórica clásica, ¨Hush Little Baby¨. Desde el momento en que nacieron, inventé canciones sobre sus nombres y todavía se las canto. Les leía poesías mientras estaban en la bañera.

Para comenzar, memorice la primera oración del cuento. Luego memorice la última oración. Ahora posee certeza sobre dónde empezar y terminar la historia. Luego, comience al principio y conecte las imágenes. ¿Qué sucede? ¿Y luego qué sucede? ¿Cuál es la siguiente imagen que viene a su mente sobre lo que pasó? Conecte estas imágenes como perlas de un collar, o como un sendero de piedras para cruzar un río. Cada imagen nos lleva a la siguiente, haciendo avanzar la historia. Sobre todo, no se preocupe por memorizar el texto. Eso lo mantendrá atascado en un lugar. Diviértase y confíe en que conoce la historia. Practique la narración en voz alta tres veces en el día. Cuando se acueste por la noche por la noche, y antes de dormirse, practique la historia en su mente. La historia se convertirá en parte de usted y la narración de cuentos se volverá fácil y usted podrá dejar que se entrevea su propia personalidad.

Déle vida a la historia con palabras que usan colores, sonidos, aromas y otros detalles. Hable en voz alta y con mucha expresividad. Exagere sus gestos para los más pequeños. Varíe el volumen, el tono y el ritmo de su voz para hacer más interesante la narración. ¡Mueva el cuerpo! Recuerde que está bien verse o actuar como un payaso. ¡A los niños les encanta! Cuando ven que un adulto payasea, se sienten autorizados a payasear y a expresarse libremente.

Sobre todas las cosas, diviértase. No es importante ser un artista. Lo importante es que usted, el encargado de cuidar a los niños, logre que los niños sientan amor, seguridad, alegría y felicidad. Lo esencial es compartir y conectarse al nivel del corazón.

CONSEJOS PARA COMENZAR LA NARRACIÓN DE CUENTOS

Preguntas que se pueden hacer:

¿Qué te hizo sentir especial hoy? ¿Qué te sorprendió?

Repite hacia atrás en tu mente lo sucedido en el día. ¡Es una excelente manera de entrenar la memoria!

Describe una escena completamente. ¿Qué llevaba puesto el maestro? ¿Qué dijo? ¿Qué pasó hoy en la zona de juegos? ¿En el comedor?

Describe algo que pasó. ¿Cómo te hizo sentir?

Preguntas sobre los orígenes:

¿De dónde viene mi nombre? ¿De dónde vinieron nuestros parientes?

¿Qué tipos de comida comían nuestros parientes cuando eran niños? ¿Qué tipos de juegos y actividades practicaban los padres cuando eran niños?

Saque el álbum de fotos de la familia. Cuente una historia usando una foto de usted cuando era niño. Encuentre viejas fotos de sus antepasados. Hasta puede encontrar fotos en revistas con personas y actividades interesantes. Pídales a los niños que inventen historias usando la foto, usando el modelo de quién, qué, por qué, cuándo y dónde.

Las narraciones pueden construirse en relación a las estaciones, los ciclos de la luna, las celebraciones, los acontecimientos especiales o los días feriados. Pídale a su bibliotecario que lo ayude a encontrar estas historias. ¡Son increíbles!

Pruebe narrar historias de creación durante el año nuevo, o invente su propia historia de creación.

Convierta la observación de la luna nueva o llena en un ritual. Encuentre historias sobre el sol, la luna, y el sistema solar.

¡Dé una vuelta al mundo! Use un globo terráqueo para elegir un país al azar. Encuentre historias que vienen de ese país. Cuente historias sobre sus viajes a diferentes ciudades o países y culturas.

Cuente historias sobre el por qué. *Por qué está lejos el cielo* (Why the Sky is Far Away), un cuento africano de Mary Joan Gerson, es muy divertido. Invente su propia historia sobre el por qué de algo. ¡Interprétela usando el yoga!

Para el mes de febrero son excelentes las historias de amor y amistad. Envíele un deseo a un ser querido durante el ejercicio de yoga y la meditación.

La época de acción de gracias es un momento excelente para contar cuentos sobre el dar, el sacrificio y la abundancia. Hay muchas historias sobre el invierno, y para las fiestas, explorar la fe religiosa de muchas culturas es una buena forma de desarrollar la tolerancia y el entendimiento. Seleccione unas cuantas historias de religiones diferentes y compárelas con la suya.

No olvide la poesía. Use títeres. Juegue con su voz. Cante canciones. También es divertido contar chistes, adivinanzas y el cuento de la buena pipa. ¡Pongan un poco de música y bailen!

CÓMO ENSEÑAR UNA CLASE DE CUENTOS PARA APRENDER YOGA

SEGURIDAD

El yoga es un ejercicio físico. Y todos sabemos que a los niños les encanta usar el cuerpo, moverse, reírse y volverse locos. Cuando se enseña yoga, es importante darle prioridad a la seguridad durante la clase o en el hogar, siempre presentando posturas desafiantes y divertidas.

La mayoría de las posturas de yoga son simples y seguras y pueden ser realizadas por los niños. No les enseño pranayama a los niños porque sus sistemas nerviosos aún no están preparados para esa actividad. Durante mucho tiempo no enseñé posturas en las que uno se para de cabeza, pero a los niños les encantan, y con supervisión apropiada, pueden hacerlas con seguridad y eficiencia. También enseño verticales, que tienden a ser las posturas favoritas de los niños. Cuando se enseña una clase de yoga, y en especial con las verticales, las cosas se ponen divertidas y el nivel de energía es muy alto, por lo cual es importante mantener el control de la situación. Si el nivel de energía sube demasiado, es más probable que ocurran accidentes como patadas en la mandíbula, caídas sobre la barriga o cara.

Para controlar el nivel de energía, es importante que el maestro sea una presencia tranquila. Los niños son capaces de percibir su nivel de energía. Aunque queramos ser alegres y divertidos, también es importante mantener el orden y la calma. Usted encontrará un ritmo en sus narraciones y clases y sabrá cuándo es necesario aumentar la energía o bajarla. Lo importante es encontrar un equilibrio agradable.

EL CONTROL DE LA CLASE

Antes de comenzar con una postura nueva como una vertical, reúno a los niños alrededor mío para que me vean realizar la postura o le pido a un niño que sabe hacerla que la haga primero. Les enfatizo a los niños que no deben comenzar la postura hasta que yo no haya terminado de mostrarla, y les pido que esperen si necesitan ayuda. Siempre los aliento a pedir ayuda y les digo que está bien pedir ayuda.

Afirmación: -¡Puedo pedir ayuda! ¡Merezco ayuda! ¡Ayúdenme!

No permito que se queden los padres de los niños durante la clase. Su presencia generaría un conflicto de autoridad que el padre siempre gana. También distrae a los niños que tal vez se sientan avergonzados o atraídos hacia el padre. Organizo sesiones o talleres especiales de tanto en tanto en los que permito que los padres observen y/o participen.

Después de varias clases, los niños conocen la rutina, se sienten bien participando y confían en su capacidad de realizar las posturas. Son capaces de tranquilizarse, prestar atención y seguir instrucciones. Después de sus primeras clases, incluso los niños de edad preescolar se acostumbran, entienden lo que está pasando y realmente esperan con ansias el momento del yoga y la relajación.

Cómo establecer normas

Los niños son niños. Naturalmente hablan, gritan, se retuercen, eligen no participar, etc. Esto no debe interpretarse como un problema porque forma parte de la actividad de enseñarles yoga a los niños. Es algo que debe anticiparse. Sin embargo, las interrupciones constantes pueden estorbar a toda la clase.

Yo establezco normas al comienzo de cada sesión o clase. Hasta puede inventar un ¨contrato¨ y pedirles a los niños que lo firmen. Me aseguro que los niños entiendan las normas o el contrato.

Utilizo un pequeño títere de mariquita llamada Lalita la mariquita. Es útil utilizar un títere pequeño para preparar el ambiente para que comience o termine el ritual o el yoga y la narración de cuentos. A los niños les encantan los títeres. El títere puede ser como su álter ego y ayudarlo a tener el cuerpo adicional que necesita para mantener el orden. Cuando una segunda persona establece las normas, los niños las respetan. Utilizo el títere para decirles hola a los niños y enseñar unas pocas palabras en otro idioma o recitar un poema simple. Mis poemas favoritos son los poemas sin sentido, como Edward Lear y Spike Mulligan.

Recuérdeles a los niños que el títere representa algunas normas. Después de repasar las normas y lograr que los niños demuestren que están de acuerdo afirmando con sus cabezas, coloque el títere cerca de su esterilla. ¡He tenido niños que quieren tanto a los títeres que uno de ellos le fabricó una esterilla a Lalita!

Cuando un niño quebranta una norma, y lo harán, con PACIENCIA y simplemente diga: -Lo siento. No puedo oír. Tina tenía la mano levantada. O: -No podemos aprender la nueva postura hasta que puedas controlar tu cuerpo. Sé respetuoso y presta atención. Gracias.

Si el niño sigue negándose a colaborar, quítelo de la clase y pídale que pase unos minutos en penitencia (¨time-out¨). Es muy útil tener a otro adulto o maestro en el salón para ayudar.

Preste atención a los niños con necesidades especiales. Ellos pueden ser los más difíciles, pero por supuesto, son los más especiales. La paciencia y la constancia ayudarán a todos los niños a sentirse capaces. También le enseñarán mucho sobre usted mismo.

Al final de la clase, seleccione a los niños que se han portado bien para que guarden los títeres. De tanto en tanto, seleccione a un niño que ha demostrado esmero. Encuentre una característica positiva incluso en el niño más difícil y reconózcala de algún modo.

Cuanto más joven o activo sea el niño, más seguido deberán recordársele las normas. Éstas se indican firme y respetuosamente. Las normas son:

1) No se habla a menos que el maestro se lo indique a un niño que tiene la mano levantada. Durante el yoga, los niños querrán reírse o hacer un comentario. Es posible que lo digan en voz alta, y cuando lo hacen, les recuerdo que deben levantar la mano. Esto es especialmente cierto en los niños de edad preescolar.

2) No hay que moverse hasta que el maestro diga que lo hagan.

3) A los niños que son excesivamente indisciplinados, movedizos o parlanchines, les aviso que les daré sólo dos advertencias. Si me veo obligada a dar una segunda advertencia durante la primera clase, el niño deberá quedarse sentado a un costado sin participar.

Dejo bien claro que el niño no puede regresar a la clase a menos que esté preparado para controlar su cuerpo y seguir las instrucciones. Si la dificultad continúa, le digo al niño que no será invitado a volver a la clase, y que lo conversaré con el padre o la madre. Esto suele afectar el comportamiento de manera increíble.

4) Si les está enseñando a niños muy activos, comience con meditación. He notado que los niños más salvajes, incluso los niños con síndrome de hiperactividad y déficit de atención, responden a una meditación guiada que incluye muchas imágenes. Use una historia o invente una. Hable con un tono de voz calmo y lento. Enfatice la concentración en el cuerpo y la respiración.

5) Recompense a los niños más tranquilos o quietos y/o a los que más han progresado hacia esa meta con calcomanías autoadhesivas, pequeños objetos para sus altares y el honor de tocar la campanilla después del savasana.

EQUIPO

Es muy útil tener esterillas de yoga, pero no es necesario. De ser posible, aliente a los niños a comprar una esterilla. En la actualidad estos artículos pueden comprarse a precios muy asequibles en las grandes tiendas.

Tener una esterilla le permite al niño tener su lugar ¨especial¨ para el ritual de la práctica del yoga. Sin embargo, es posible que existan factores económicos que no le permiten al niño adquirir una esterilla, por lo tanto yo no insisto. Si el suelo es duro, les pido que traigan una manta suave, y trato de tener esterillas adicionales para usar. Les digo que los yoguis desarrollaron el yoga en cuevas y sin esterillas, y en los lugares más pobres, como en Cuba, las personas usan cajas de cartón aplastadas. Sin embargo, una esterilla barata es una excelente inversión. Se convierte en parte del ritual de yoga del niño.

Si no hay esterillas disponibles, se puede usar perfectamente un piso alfombrado. He enseñado yoga en bibliotecas, y en habitaciones con alfombra, y son un poco resbaladizos, pero funcionan hasta que los niños llegan al nivel adulto, cuando se vuelve importante tener una esterilla de yoga para perfeccionar las posturas. Los niños de la escuela primaria inferior y superior están listos para usar esterillas, pues pueden alcanzar niveles bastante avanzados.

También es muy útil tener bolsitas para los ojos para la relajación, el savasana. Es posible que los niños tengan dificultad para dejar de moverse y las bolsitas para los ojos ayudan a mantener los ojos cerrados y a cortar la luz del mundo exterior que los distrae. A su vez, esto los ayuda a concentrarse en su mundo interior. También funcionan muy bien los títeres y los muñecos rellenos de arena u otro material blando. Se puede fabricar fácilmente una bolsa para los ojos cosiendo dos tiras rectangulares de tela y llenando la bolsa con lavanda y/o vainas de trigo sarraceno. Se puede usar una pequeña toallita, e incluso una media vieja y limpia u otra prenda de vestir. Por supuesto también se pueden comprar las bolsitas para los ojos. Tener sus propias bolsitas es útil porque compartir bolsitas puede causar problemas de conjuntivitis. También es importante tener la bolsita en un lugar alejado hasta que llegue el momento de la relajación, ya que los niños podrían jugar con ellas y distraer al resto de la clase.

También es bueno tener una manta para los niños para que se tapen durante el savasana.

¡HAY QUE BEBER AGUA!

Recuérdeles a los niños que traigan sus propias botellas de agua, o si hay una nevera cerca, descanse después de las verticales y antes de la narración de cuentos para beber agua.

Yo uso un pequeño juguete de esqueleto flexible llamado el Sr. Huesos que les dice a los niños que beban agua y coman comidas saludables. ¡El Sr. Huesos también demuestra algunas posturas de yoga muy avanzadas!

CÓMO ENSEÑAR YOGA
A NIÑOS DE 3-11 AÑOS DE EDAD

Existen cuatro grupos de edad en yoga para niños. Preescolar-K (3-6 años), escuela primaria inferior: K-2 (6-9 años), escuela primaria superior: 3-6 (9-11 años), y edades mixtas (3-11 años).

Durante la clase, recuérdeles a los niños que deben respirar y estar conscientes de sus cuerpos. Pregúnteles qué sienten en los dedos de los pies, sus manos, sus brazos y su cabeza. Recuérdeles mantener las mentes concentradas en la esterilla, el cuerpo y la respiración.

Niños en edad preescolar: 3-6 años de edad

Los niños en edad preescolar son divertidos y dulces de enseñar. La meta del yoga a esta edad es familiarizar a los niños con sus cuerpos, lograr que formen imágenes en sus mentes y acostumbrarlos a la rutina de practicar yoga y meditación.

Cuando se enseña a niños de preescolar, es importante enseñar la clase de manera muy vivaz y simple por un máximo de 20 a 30 minutos.

Los niños de tres años no podrán mantener su atención mucho tiempo sin instrucciones físicas y verbales, y yo permito que algunos de los niños deambulen por la clase o no participen, siempre que no interrumpan la clase, porque de todos modos absorben lo que escuchan. Los niños de tres años se desempeñan bien cuando hay hermanos o estudiantes mayores presentes en la clase que sirven de modelo.

Puede ayudar a mantener la concentración de los niños usando expresiones faciales y gestos manuales exagerados complementados por oraciones simples expresadas en una variedad de volúmenes y tonos de voz. Dependiendo del niño, a esta edad los niños pueden concentrarse bastante.

Hable lenta y vigorosamente. Use movimientos del cuerpo para ilustrar la historia, y aliente a los niños a hacer lo mismo con la interacción. Por ejemplo, cuando estén regando una semilla con una tetera, pregúnteles: -¿Pueden ayudarme a regar la semilla?- y demuestre el movimiento para ayudar a los niños a concentrarse. También, cuando esté contando un cuento o realizando posturas de yoga, trate de incorporar las tres R: la rima, el ritmo y la repetición. Invente una canción o rima adicional y repítala con frecuencia. También deberá guiarlos con la historia. Si no son capaces de contestar a la pregunta: -¿Qué sucede después?- simplemente dígales qué sucede. Pero a esta edad los niños suelen ser muy despiertos, así que primero déles la oportunidad.

Cuando esté haciendo posturas con la narración, elija sólo unas pocas posturas básicas para actuar. Para todos los cánticos coordinados, pídales a los niños que hagan los movimientos más básicos. Todavía no son capaces de coordinar mucho sus mentes y sus cuerpos.

No es importante que copien la postura con exactitud ni que coloquen toda su atención en esa actividad. Los estamos ayudando a poner sus mentes en sus cuerpos, lograr coordinación y desarrollar su imaginación.

Cuando encuentro a un niño que está distraído y no participa, llamo su nombre y le pido que me muestre la postura para volver a atrapar su atención. Un niño me dijo: -¡Ya no quiero participar en la clase, pero digo namasté todos los días! Si de todos modos el niño no desea participar, lo dejo tranquilo. En general el niño encontrará algo interesante o divertido durante la clase y se unirá a la actividad.

Modifique y simplifique los ejercicios de meditación y concentración para que duren sólo un minuto más o menos. Siempre debe decir la meditación en voz alta. Por ejemplo, cuando haga la ola o cuente la respiración, diga: -Una respiración hacia adentro y dos hacia afuera. O: -La ola entra,, respiramos hacia adentro, la ola sale, respiramos hacia afuera. Permita que los niños se relajen durante dos a cinco minutos, o más tiempo si responden bien. ¡He tenido niños que se han dormido en la clase, lo cual es excelente!

Después de unas pocas clases, los niños aprenden la rutina de la clase y mejoran en concentración, atención y relajación. Pregúnteles a los niños cómo se sienten después de un ejercicio o meditación. Esto les permite practicar la expresión verbal y conciencia de sus emociones y sentimientos.

Es posible que no note los efectos del yoga y la narración de cuentos en clase, pero los padres suelen indicar que los niños les repiten las cosas en casa, ya sea una historia, una canción o una postura o meditación.

Niños de la escuela primaria inferior: 6-9 años de edad

A esta edad los niños poseen mejor coordinación del cuerpo y mayores periodos de atención y son capaces de entender historias, meditaciones y ejercicios más largos. Las clases duran 30, 45 ó hasta 75 minutos con tiempo para jugar y correr carreras. Y a los niños les encantan las carreras.

Déles tiempo a los niños para hacer bromas, reírse y hablar porque así es como son a esta edad. La meta es divertirse e incorporar lo que sea posible. Sin embargo, asegúrese que la relajación y medi-tación formen parte de la clase.

A esta edad a los niños les encantan las historias, las canciones y los juegos, que poseen una impor-tante función en el desarrollo de la imaginación. A esta edad son capaces de recordar una historia y también pueden inventar historias utilizando posturas.

Ahora son posibles y deben incorporarse a la clase la presentación de posturas, la corrección de la alineación y la ayuda para realizar una postura. No soy rígida en relación a la estructura ni a las posturas exactas. Demuestro la alineación apropiada y hago sugerencias, pero no me concentro en estos factores constantemente para no desalentar al niño.

Los niños también pueden dirigir el saludo al sol, cantar o recordar una historia. He tenido niños de tan sólo cuatro años capaces de hacer esto.

Niños de la escuela primaria superior: 8-11 años de edad

En este grupo de edad la clase puede realizarse un poco más lentamente y concentrarse más en la meditación, la conciencia interior y las posturas en sí mismas. Se puede pasar más tiempo preguntándoles a los niños cómo se sienten y hablando sobre una historia. La clase puede durar entre 45 y 90 minutos, usando el final de la clase para hablar más sobre la narración de cuentos, después del savasana.

A primera vista, parecería que los niños de esta edad son más serios y tienen más sentido común. ¡No se deje engañar por eso! De todos modos les sigue gustando divertirse y cantar canciones, escuchar cuentos y hacer cánticos. Yo sigo haciendo morisquetas, enseñando juegos divertidos y contando cuentos mientras voy incorporando la actividad de yoga seria. A esta edad, es posible usar la narración de cuentos para establecer un tema. Pídales a los niños que consideren la moraleja o metáfora y que usen afirmaciones y recordatorios durante la clase. Sugiérales que realmente se sientan adentro de su cuerpo, estén cómodos con su cuerpo e internalicen el proceso.

Los niños pueden expresar verbalmente sus sentimientos e imágenes mejor después de una visualización o relajación. Es posible que mencionen cosas alegres o difíciles, tales como la muerte o un problema en la escuela, y tienen imaginaciones muy fértiles.

Los niños son muy hábiles para recordar y repetir historias, y probablemente le digan: –Ya conozco esa historia. ¡Aquí tiene otra versión! También son excelentes creando ejercicios de precalentamiento y sus propias historias con las posturas de yoga.

A las posturas de la historia se les puede agregar un perro mirando hacia atrás, una flexión hacia adelante, una cobra o cualquier postura que a usted le parezca apropiada para aumentar la cantidad de yoga en movimiento o vinyasa. Se enfatiza la alineación correcta.

Los niños pueden dirigir el saludo al sol, los cánticos o el precalentamiento. También pueden inventar sus propios cuentos de hadas o narraciones mediante el savasana, agregar posturas a la historia y enseñar su historia a la clase.

Asegúrese de agregar posturas avanzadas a las clases de estos niños según le parezca apropiado. Los niños de esta edad son capaces de asombrarnos. Vale la pena seguir alentándolos a hacer yoga para que puedan realizar estas posturas y se conviertan en adultos saludables.

Edades mixtas: 3-11 años de edad

Es más fácil dar clases a grupos separados por edad, pero los grupos de edades mixtas de 3-11 años funcionan, en especial si participan los hermanos mayores. Sin embargo, muy probablemente tenga que separarlos si el comportamiento así lo exige. Es posible que los niños de 3 años paseen por el salón o se tapen con la esterilla de yoga, pero esto no importa mientras no interrumpan demasiado. El estar en el medio ambiente los ayuda mucho, y he descubierto que en general terminan participando.

Los niños de cuatro o más años copian a los niños mayores, y a los niños mayores les gusta el papel de ser modelo y ayudante del maestro. Los niños mayores pueden ayudar a los menores y también enseñar parte de la clase.

Las clases pueden prolongarse y modificarse de acuerdo al desarrollo y la capacidad de los niños.

Cómo incluir a todos los niños

Es posible que al principio los varones, en especial los mayores, se muestren renuentes a participar, pero siempre se han unido al grupo una vez que descubren cuán divertida es la clase.

En el caso de los niños tímidos, déjelos tranquilos y permítales observar. En algún momento se sentirán lo suficientemente seguros para participar.

En el caso de niños con trastorno de híper actividad y déficit de atención, comience con meditación y enfatice el cuerpo y la respiración durante la clase. Recuérdeles que deben traer sus mentes y energía de regreso a sus cuerpos. Es importante dedicarle tiempo adicional a la relajación, y también lo es cubrirles los ojos. También es útil realizar meditaciones caminando.

El uso de afirmaciones

Somos lo que pensamos. La familia y los amigos pueden programarnos para pensar de manera negativa, y nosotros podemos reforzar esos pensamientos si los creemos. Los pensamientos negativos provocan autocrítica y sentimientos de desprecio hacia uno mismo, los cuales luego son proyectados hacia el mundo exterior, generando prepotencia, autoritarismo y violencia. Los pensamientos negativos también pueden relacionarse a enfermedades específicas en el cuerpo. Sin embargo, no niegue ni desprecie ningún aspecto negativo de sí mismo o de sus niños. Aliente a los niños a reconocerlos y tratar de superarlos. Enfatice que estos aspectos forman parte de uno en este mundo de dualidad. Les abrimos los brazos, pero nuestros corazones se concentran en una idea más elevada. El rechazo de cualquier parte de nosotros sólo genera una separación psicológica. Lo mejor es mantenernos conscientes de nuestras facetas reprimidas mediante la utilización de rituales y con el apoyo de la comunidad. Podemos comenzar insistiéndoles a los niños que nuestras emociones, las dificultades de la vida, no deben ser negadas o ignoradas. Son emociones legítimas que forman parte de nuestra experiencia humana. Podemos reconocerlas y expresarlas, y recibir una devolución que es consciente y sana en relación al medio ambiente de uno.

Cuanto más podamos utilizar afirmaciones positivas para contrarrestar los pensamientos negativos, más sanos seremos como niños y adultos. En el yoga se utilizan los mantras para alentar los pensamientos positivos. Son similares a las plegarias. Protegen la mente de los pensamientos negativos y también desarrollan la concentración. Reemplace cada pensamiento negativo con uno positivo. Verá cuán rápido cambian sus sentimientos sobre sí mismo y la situación de su vida.

Durante la clase con los niños, use libremente las afirmaciones positivas. Por ejemplo, cuando estén realizando la postura de la montaña, tadasana, diga en voz alta y pídales a los niños que repitan: -¡Soy fuerte! ¡Soy estable! ¡Soy poderoso! ¡Creo en mí mismo! Cuando estén realizando la postura del guerrero diga en voz alta: -¡Puedo hacerlo! ¡Yo me quiero! Incluso en los ejercicios de concentración y relajación, los niños pueden decirse a sí mismos: -Estoy tranquilo. Estoy en paz. Estoy relajado. Estoy bien. Cuanto más positivos podamos ser, mejor.

Usted puede ayudar a los niños a desarrollar sus propias afirmaciones para usar durante la semana. Pregúnteles sobre algo que no les guste de ellos mismos o que deseen mejorar, o incluso sobre un deseo que puedan tener. Conviértalo en una afirmación. Por ejemplo, si un niño cree que no es suficientemente inteligente o tiene miedo de dar un examen, enséñele a decir: –Soy inteligente.

Tengo confianza en mí mismo. Creo en mí mismo. Puedo tomar el examen fácilmente y pasarlo.

Algunas afirmaciones:

Confío en mí mismo.

Yo me quiero.

Soy poderoso y fuerte.

Soy tranquilo.

Estoy en paz.

Soy inteligente.

Soy valioso.

Soy sabio.

Mis opiniones importan.

Soy generoso, cortés y amable.

La abundancia es mía.

Principios de la alineación del yoga – basados en el yoga anusara

1) Abrirse a la gracia. Inspirando y llenándose con la belleza del propio ser, el regalo y la promesa del ahora y nuestro potencial divino. También es abrirse a algo más trascendente que uno mismo, que está más allá de la forma y los límites.

   En posición de pie, postura de la montaña, tadasana, los pies están separados a una distancia de un puño, con el segundo dedo del pie alineado con la parte media del tobillo. Los pies, tobillos y piernas se ponen fuertes, abrazando los músculos a los huesos, con las rótulas levantadas, tomando energía de los pies y llevándola hasta el centro del área pélvica y de regreso a los pies y a la tierra.

2) Se logra energía muscular apretando los músculos unos con otros.

3) La espiral interna y   4) externa se logra moviendo los muslos internos hacia atrás, manteniéndolos hacia atrás y luego metiendo el hueso caudal.

5) Se logra la energía orgánica extendiendo los músculos y los huesos, dejando que brille la enorme, bella y poderosa energía personal sobre el mundo.

Los hombros deben estar sobre la espalda. Pídales a los niños que recojan los hombros contra las orejas y luego los devuelvan a su lugar. No deben pararse con la espalda cóncava en forma de ¨banana¨. La espalda debe estar plena. El hueso caudal debe estar metido y la zona de los riñones debe estar plena.

En las posturas con las rodillas dobladas, como las arremetidas, las rodillas deben estar a 90 grados sobre los tobillos.

Cuando estén en **postura de la tabla,** los dedos de las manos de los niños deben estar bien separados, como rayos del sol, con las articulaciones de las muñecas derechas.

PLAN DE ESTUDIOS PARA LA CLASE

Clase de 30-40 minutos para niños de 3-11 años de edad

1) Juegos de presentación/registro. Historia de la clase/presentación del tema

2) Canción de namasté/Canción de la respiración

3) Meditación para centrarse/lugar seguro

4) Ejercicios de precalentamiento

5) Saludos al sol

6) Verticales

7) Historia/cuento

8) Recuento de la historia/el cuento mediante posturas de yoga

9) Elija un juego, actividades de carrera o baile, según permita el tiempo.

10) Meditación – meditación básica, ejercicios de concentración así como imágenes/ historia guiadas

11) Relajación/*savasana*

12) Los niños repiten la historia

13) Postura favorita para hacer en el hogar

14) Namasté/cierre

Aliente a los niños a practicar yoga en su hogar, por lo menos una postura, con la familia, y a contarles la historia a los miembros de su familia.

Clase de 45-75 minutos para niños de K-6

1) Juegos de presentación/registro.

2) Canción de namasté/Canción de la respiración

3) Meditación para centrarse/lugar seguro

4) Ejercicios de precalentamiento

    a) Pídales a los niños que inventen sus propios ejercicios y se los enseñen a la clase.

5) Saludos al sol

6) Verticales

7) Historia/cuento

8) Recuento de la historia/el cuento mediante posturas de yoga

    a) Preste atención adicional a la corrección de posturas

    b) Postura de yoga favorita

    c) Presente una postura específica y su uso correcto y beneficios

d) Agregue posturas adicionales, variaciones de posturas. Por ejemplo, agréguele una torsión y una postura de guerrero a los saludos al sol.

e) Los niños inventan la historia a medida que van haciendo las posturas de yoga.

9) Elija entre juegos, carreras, actividades o baile.

10) Meditación – meditación básica, ejercicios de concentración así como imágenes guiadas

11) Relajación/*savasana*

a) Después del periodo de relajación, presente imágenes guiadas- cree cuentos de hadas.

b) Pídales a los niños que hablen de cómo se sintieron, qué imágenes vieron, asociaciones, etc. Trate de lograr que inventen una historia y continúen agregando elementos imaginativos.

12) Los niños repiten la historia o cuentan su propia historia inventada

13) Namasté/cierre

COMIENZOS y PRESENTACIONES

Pídales a los niños que se sienten en un círculo. Durante la primera clase, preséntese y luego pídales a los niños que se presenten y den su nombre, edad, nombre del maestro, sabor de helado favorito, color favorito y cualquier otro dato divertido que deseen compartir con la clase. Averigüe si tienen alguna lesión o enfermedad. Pídales que le dediquen su práctica del yoga a un ser querido.

A veces los niños hablan sobre sentimientos difíciles o sobre algo que está pasando en sus vidas en el momento, como por ejemplo la enfermedad o la muerte de un miembro de su familia. El comienzo de la clase es un buen momento para hablar de esas emociones, en especial si tienen alguna relación con la historia que se presentará en clase.

Ejercicios de introducción

Ritual

Para los niños más jóvenes, use un pequeño títere que se coloca en el dedo para indicar que comenzará la clase. Hágales saber a los niños que mientras el títere está afuera deben prestar atención, no interrumpir y no molestar a su vecino. Luego coloque el títere en el suelo frente a su esterilla o en algún lugar donde los niños no puedan tocarlo.

Para los niños mayores, puede usar un pequeño muñeco, títere u otro objeto, o hacer sonar una campanilla. Haga sonar la campanilla al final de la clase y/o guarde el objeto para indicar la finalización del ritual. Yo uso un pequeño títere con forma de mariquita llamada Lalita la mariquita. Los niños de todas las edades la adoran, y ella les enseña unas pocas palabras en español y también suele decir un poema. ¡A los niños les encantan los poemas de Lalita!

Canción de namasté – ver el apéndice para obtener las palabras y la música

Explíqueles a los niños que namasté significa que hago una reverencia a la bondad, la luz y la divinidad que llevas dentro mientras que tú haces una reverencia a tu vecino para reconocer la bondad, la luz y la divinidad que él o ella lleva dentro. También les digo que tiene que ver con el respeto hacia el prójimo.

Las manos están en postura de plegaria, *anjali mudra*, frente al corazón.

Los niños hacen reverencias a los otros niños y a sí mismos.

Mono con correa

Explique que la mente es como un pequeño monito que salta de un árbol a otro. Pídales que le pongan una correa a su monito estirando los brazos hacia el cielo, inspirando y luego exhalando a medida que van trayendo al monito hacia sus cuerpos, hasta la respiración, usando el namasté, con las manos en la posición del corazón.

El barrilete/ La cometa

La mente puede ser como un barrilete/una cometa. El viento lo lleva lejos, muy lejos del cuerpo. Pídales a los niños que traigan sus barriletes/cometas hacia sí, que traigan sus mentes hacia sí, acercándolo a su cuerpo. Pídales a los niños que estiren los brazos al cielo, inspirando, y luego exhalando a medida que van trayendo el barrilete/la cometa hacia sus cuerpos, hasta la respiración, colocando las manos en la postura de plegaria, *anjali mudra*.

Energía desparramada

Dígales a los niños que su energía y pensamientos pueden estar desparramados muy alto y lejos de ellos. Pídales que se paren en puntas de pie y estiren sus brazos hacia el cielo para reunir toda la energía desparramada encima de ellos. Pídales que respiren profundo, y luego tiren de esa energía hacia abajo hasta traerla a sus cuerpos y al corazón terminando en la postgura de plegaria, *anjali mudra*.

Dígales que tienen el poder de crear lo que deseen en sus vidas cuando están concentrados. Es como podar un árbol para obtener los frutos más grandes de la menor cantidad posible de ramas. Esto es especialmente apropiado para los niños con trastorno de híper actividad y déficit de atención.

Feliz

Tome nota de la postura en la que están sentados los niños. En general, sus hombros están caídos hacia adelante, cerrando el corazón.

Diga: –¿Me veo feliz? y exagere la posición con los hombros hacia adelante, cerrando el corazón.

Los niños dirán: –¡NO!

Luego, sentándose erguido y derecho, con los hombros para atrás, diga:
–¿Me veo feliz?

Los niños dirán: –¡SÍ!

Pídales a todos que se sienten derechos, con los hombros para atrás y los corazones abiertos.

¡Estoy feliz!

¡Me gusta como soy!

¡Mi corazón está abierto!

¡Soy valiente!

Cuando estén sentados o de pie, recuérdeles periódicamente a los niños: –¿Están felices? Y ellos arreglarán su postura.

El cántico de Om

Dígales a los niños que Om es el sonido del universo. Es el sonido de la creación, la preservación y la destrucción.

Comience cantando tres oms (a — o — m).

Un océano de Oms

Cada uno comienza a cantar Om a su propio paso, pero al final de cada Om, cada estudiante continúa cantando el Om, sin importar si otros han terminado o vuelto a comenzar antes que ellos. La meta es lograr un sonido de Om continuo por un minuto.

Liberación de negatividad

Pídales a los niños que se sienten cruzados de piernas. Hágales cerrar los ojos y extender ambos brazos hacia los costados de sus cuerpos, con las puntas de los dedos tocando el suelo. Pídales que piensen en y visualicen todo lo que no les gusta, cualquier pensamiento negativo, cualquier problema que hayan traído consigo a la clase o a su hogar hoy. Hágalos imaginar que esos pensamientos difíciles o negativos son como grandes pelotas negras. Cada vez que inspiran, pídales que visualicen que están soltando las pelotas negras. Al exhalar, las pelotas negras ruedan por sus brazos y desaparecen. Repita el ejercicio de respiración cinco o seis veces. Enfatice la visualización de sus problemas que ruedan por sus brazos y desaparecen.

CÓMO CENTRARSE – ENTRAR EN UNO MISMO

Tome unos minutos después de la postura sentada feliz para que los niños se tranquilicen, cierren los ojos y coloquen una mano sobre el corazón. Permítales imaginar un lugar especial donde se sienten seguros. Puede ser su casa, debajo de un árbol, en los brazos de su madre, debajo de la cama. Pídales que lo imaginen con intensidad en sus mentes. ¿Cómo huele? ¿Qué objetos hay allí? ¿Pueden tocarlos? Pídales a los niños que sientan la seguridad y la sensación de ser especiales. Dígales que este lugar especial está siempre allí, esperándolos en su corazón. Lo único que necesitan hacer es respirar y saber que está allí. Utilice este ejercicio del lugar seguro durante la relajación para que los niños no teman relajarse o visualizar. Pídales que compartan lo que vieron y sintieron durante el ejercicio.

EJERCICIOS PARA CENTRARSE PARA NIÑOS DE PREESCOLAR Y MAYORES

Pídales a los niños que se tranquilicen, cierren los ojos y se conecten con su respiración. Dígales en voz alta que inhalen y exhalen, inhalen y exhalen.

Entibiando el corazón

Posición sentada con los hombros hacia atrás y el corazón abierto. El cuello debe estar estirado. Frotar las manos una con otra. Pídales a los niños que sientan el calor y energía de sus manos. Dígales que tomen la mano derecha y froten el área del corazón en dirección similar a las manecillas del reloj. Ahora que vuelvan a frotar las manos. Dígales que tomen la mano izquierda y froten el corazón en dirección contraria a las manecillas del reloj. Pregúnteles cómo se sienten. Pídales que traten de sentir el latido de su corazón.

Variación: Pídales a los niños que coloquen la mano contraria en la barriga y froten.

La flor

Imaginen una pequeña flor. ¿Qué clase de flor es? Vean cómo se abre la pequeña flor, pétalo por pétalo. Huelan la bella flor.

La mariposa

Vean una pequeña mariposa revoloteando de flor en flor. Finalmente la mariposa encuentra una bella flor y descansa. Está tranquila. Es bella y feliz. Imaginen que la mariposa está completamente quieta. Sonríanle a la mariposa. Sonríete a ti mismo.

Cielo grande

Mira al cielo con tu imaginación. Imagínatelo brillante y azul, sin nubes. Es tan amplio y abierto. Ahora imagínate un pequeño punto negro allí arriba. Observa ese pequeño punto negro con tu mente.

Pequeñas hojas

Imagina un bello árbol. ¿Qué clase de árbol es? Imagínate las hojas que tiemblan y brillan en el viento. Son bellas y están llenas de vida, al igual que tú. Ahora imagínate que el pequeño árbol deja de moverse. Todas las hojitas están quietas. ¿Puedes lograr que todas las hojas estén quietas?

Persona especial

Imagínate a una persona a la que quieres mucho. Inhala y siente el amor que te da esa persona. Exhala y envíale tu amor. Siente como te quieren. Sabe que eres amado.

Nube blanca

Cada vez que inhalas, imagínate que entra una pequeña nube blanca por los agujeros de tu nariz. Luego, cuando exhalas, imagínate que la nube sale de tu nariz. Repite. La nube entra y sale.

Bola de energía

Sostén ambas manos derecho frente a ti, con los codos doblados y las palmas mirándose. Imagina que hay una bola de energía entre tus manos. Mantén tus manos a más o menos un pie de distancia y sostén esa bola de energía como si realmente pudieses sentirla. Rota las manos alrededor de la bola de energía para que una mano quede encima y la otra abajo de la bola. Rota las manos otra vez hasta llegar a la dirección contraria.

Variación: Bola pegajosa. Imagina que la bola de energía es chicle pegajoso. Separa las manos entre sí y siente el chicle pegajoso en tus manos. Siente cómo el chicle hace que tus manos se junten, y luego vuelve a separar las manos. El chicle pegajoso te hace juntar las manos y luego tú las vuelves a separar.

EJERCICIOS PARA CENTRARSE PARA NIÑOS DE JARDÍN DE INFANTES A 6 to GRADO

Jardín pacífico

Imagina un hermoso jardín en tu mente. En ese jardín hay una bella silla sólo para ti. La silla está rodeada de bellas flores. ¿Qué clase de flores son? Hay animales a tu alrededor. ¿Qué tipo de animales son? La cálida luz del sol brilla sobre ellos y sobre ti. Estás calentito y feliz. Todo está en paz y tranquilo. Todo está bien.

El estanque

Hay un bello estanque cerca. Mira el estanque. Ve como un pequeño insecto se lanza al agua y hace que se formen pequeñas ondas en el agua. Observa mientras van desapareciendo las ondas y el estanque vuelve a estar completamente calmo. Observa el estanque calmo, inmóvil, pacífico y tranquilo.

La tela de araña

Imagínate una pequeña tela de araña en el centro de tu corazón. Luego la pequeña araña va lanzando hilos a medida que teje su tela. Los hilos se conectan con otros hilos y la tela de araña se vuelve más y más grande, conectándose en círculos concéntricos. Sabe que todo vino de ese centro donde comenzó la araña. Respira y siente ese centro en tu corazón. Siente su paz. Exhala y crea un poco más de tela de araña, enviándola hacia la creación. Pinta y decora la tela de araña. Nota cómo está conectada con todo, y que todo se conecta a su centro, tu corazón.

EJERCICIOS PARA OBSERVAR LOS PENSAMIENTOS

El jardinero de los pensamientos

Pídales a los niños que sean jardineros de pensamientos en sus vidas observando sus propios pensamientos. Cada vez que puedan pensar: Soy estúpido, feo, estoy preocupado, etc., durante el día, pídales que tomen nota de cómo se sienten. Dígales que cambien estos pensamientos a: Soy bello, inteligente, confío en mí mismo, etc. Aliéntelos a ser siempre el jardinero que vigila sus pensamientos.

La meditación del jardinero

Cuando aparecen pensamientos negativos, enséñeles a los niños a detener el pensamiento y, en vez, pídales que imaginen y hasta físicamente arrojen semillas con las manos frente a sí mismos, en su jardín. Dígales que estas semillas son semillas de pensamientos felices que estamos plantando para que echen raíz. Planta estas semillas: Soy feliz. Soy organizado. Estoy calmo. Soy inteligente. Estoy concentrado, etc.

Enséñeles a los niños a reemplazar los pensamientos negativos con semillas de pensamientos felices. Enséñeles a ver cómo crecen estas semillas y se convierten en todo lo que desean y pueden imaginar. Hágalos imaginar que todos sus sueños de felicidad se vuelven realidad.

MANTRAS

Los mantras son útiles para enfocar la mente. También protegen la mente de la negatividad. Haga un minuto o dos de mantras de acuerdo a sus creencias. Por ejemplo, puede cantar tres Oms, o puede pedirles a los niños que canten Om a su paso durante 30 segundos a un minuto.

OM- dígales a los niños que Om es el sonido del universo.

OM, SHANTI- Paz

OM, NAMA SHIVAYA- Saludos al dios Shiva, que crea todo el universo.

OM, MANI PADME HUM- Soy la joya de la flor de loto.

SO HUM- EL sonido de la respiración. Inhale para hacer el SO y exhale para hacer el HUM.
     Ayuda a calmar la mente.

Paz, amor, paz, amor

María, Jesús, Ave María

Allah Akbara – Dios es magnífico

Shalom- Paz

CÁNTICO DE CHAKRAS con MANTRAS BIJA

Invente una tonada pegadiza para acompañar este canto. Diga la primera parte y luego pídales a los niños que se la repitan. Continúe con la segunda y tercera parte, nuevamente pidiéndoles a los niños que se las repitan.

El primer chakra es la tierra. Su color es rojo. El primer chakra está en la base de la espina. Su sonido es LAM.

El segundo chakra es el agua. Su color es naranja. El segundo chakra está en las caderas. Su sonido es VAM.

El tercer chakra es el fuego. Su color es amarillo. El tercer chakra está en el ombligo. Su sonido es RAM.

El cuarto chakra es el aire. Su color es verde. El cuarto chakra está en el corazón. Su sonido es YAM.

El quinto chakra es el éter. Su color es azul. El quinto chakra está en la garganta. Su sonido es HAM.

El sexto chakra es el espacio. Su color es índigo. El sexto chakra está entre las cejas. Su sonido es OM.

El séptimo chakra está más allá de todo. Su color es violeta. El séptimo chakra está en la coronilla de la cabeza. Su sonido es... (silencio). Pídales a los niños que escuchen el latido en silencio.

JUEGOS DE INTRODUCCIÓN

Juego de las caras

Sentados en un círculo, el primer niño le hace una cara graciosa al niño que está sentado a su lado. El niño que recibe la cara graciosa debe copiar el gesto mirando al niño que se lo hace. Luego el niño que recibe la cara graciosa se da vuelta hacia el siguiente niño e inventa una cara graciosa nueva, continuando alrededor del círculo.

Juego de la excavación

En un círculo, el primer niño realiza una acción no verbal, como por ejemplo excavar. El niño que está a su derecha debe adivinar lo que está haciendo y decirlo. Luego ese niño crea su propia acción para que adivine el siguiente niño, y el ciclo continúa alrededor del círculo.

Variación: El maestro crea una acción no verbal, como por ejemplo excavar. El niño a la derecha copia la acción. Después de que ese niño ha comenzado a excavar y continúa excavando, el siguiente niño copia la acción, y así hasta que el movimiento da la vuelta al círculo y regresa al maestro. En ese momento el maestro cambia la acción, por ejemplo a subir una montaña, y cada niño copia la acción nueva a medida que va pasando por el círculo hasta volver al maestro.

Juego de pelota imaginaria

Pídale a un niño que arroje una pelota imaginaria a otro niño. Aliéntelos a pegarle, hacerla girar, hacerla rebotar o girarla lentamente como quieran con cualquier parte del cuerpo. Al recibir la pelota, el niño puede atraparla como lo desee. Es útil nombrar al niño que recibirá la pelota.

Regando las semillas

Cada niño elige a alguien y gira para darle la cara. Tomando turnos, cada niño dice algo agradable sobre el otro: algo que hace bien, algo sobre su aspecto, algo bueno sobre su personalidad, etc.

LA CONCIENCIA DE LA RESPIRACIÓN

Cántico de la respiración – ver el apéndice para obtener la música

Pídales a los niños que coloquen sus manos sobre sus costillas o sobre su corazón y barriga. Al final de cada fase, inhale o exhale a través de la nariz.

Recuérdeles a los niños que si respiran ¡están vivos! Pregúnteles periódicamente: -Si estás respirando ¿qué estás?

Aprenderán a responder: -¡Estamos vivos! ¡Es maravilloso estar vivo! ¡Es maravilloso ser yo!

Estoy inhalando – Inhala

Estoy exhalando – Exhala

Soy feliz – Inhala

Oh, tan feliz – Exhala

Estoy inhalando – Inhala

Estoy exhalando – Exhala

Estoy aquí y ahora – Inhala y luego exhala

Pregúnteles a los niños cuándo pueden usar su respiración. ¿Qué tal cuando estamos muy enojados? ¡A respirar! ¿Qué tal cuando estamos aburridos e impacientes en el mercado con mamá? ¡A respirar! ¿Qué tal cuando estamos realmente muy, pero muy asustados? ¡A respirar! ¿Qué tal cuando estamos verdaderamente emocionados? ¡A respirar! Recuérdeles que deben SABER que están respirando, y que están tristes, enojados, asustados, aburridos, etc.

Respiración lunar – bueno para los días de luna llena o nueva

Ya sea de pie o sentados, comiencen en la postura de plegaria, *anjali mudra*. Inhalen subiendo las manos por encima de la cabeza y dígales a los niños que imaginen que están en la luna y están separando los cielos. Exhalen a medida que los niños extienden los brazos hacia abajo a los costados como un círculo, trayendo hacia abajo todas las estrellas y energía hacia ellos y la tierra. Luego inhalen y dígales que levanten la energía en las manos nuevamente al espacio del corazón. Exhale las manos al corazón para terminar el ciclo en la postura de plegaria, *anjali mudra*. Repetir.

Respiración globo

Pídales a los niños que se tranquilicen e imaginen que son un globo. Con su primera inhalación, se están preparando para inflar un gran globo. En la exhalación el globo se pone grande. Cuando inhalan el globo se desinfla. Repetir. También pueden usar su cuerpo. Al exhalar, mover una pierna o levantar los brazos.

Respiración del muñeco de trapo

Comiencen parados en la postura de la montaña, *tadasana*. Comenzando en la cabeza y el cuello, lentamente y con cada respiración, los niños comienzan a bajar por la columna, dejando que los brazos cuelguen flojos a medida que se van moviendo hacia el suelo. Pídales que lo hagan lo más despacio posible de modo que cada respiración los haga bajar sólo un poco más. Cuando lleguen a los dedos de sus pies, pueden comenzar a inhalar otra vez e ir incorporándose hasta ponerse de pie.

EJERCICIOS DE PRECALENTAMIENTO

Canto de la montaña – *Tadasana*

Use esta postura para comenzar todos los precalentamientos. Regrese a esta postura después de terminar el precalentamiento o de pasar a otras posturas.

De pie y quieto en la **postura de la montaña**. Los pies separados a un puño de distancia, los hombros sobre la espalda, la espalda baja plena, el cuello alargado y los brazos quietos a los costados. Pídales a los niños que respiren y sientan sus pies plantados sobre la tierra. Pídales a los niños que le repitan el canto a medida que lo va diciendo.

Soy una montaña fuerte y estable.
Ahora estoy listo para todo.

Use afirmaciones: -¡Soy fuerte! ¡Soy poderoso!

Canto del oso polar – preescolar- vea el apéndice para obtener la música

Oso polar, oso polar
Enormes pesuñas y enorme hocico

Parados, y sin mover los pies, los niños balancean los brazos, el cuerpo y la cara de lado a lado como un oso que va caminando.

Voy caminando por el hielo y la nieve
Cazando peces en el agua helada.

Doblándose a la altura de la cintura con las piernas abiertas, ***prasarita padotanasana***, balanceando suavemente un brazo hacia arriba, otro hacia abajo, haciendo aspas de molino de viento, torciéndose a la altura de la cintura, y luego cambiando de manos, como si estuvieran pescando. Repetir.

Canto de la chita – preescolar- vea el apéndice para obtener la música

Chita, chita, chita, corriendo, corriendo rápido
Chita, chita, chita, corriendo por el césped.

Estirándose y levantando los brazos hacia el techo, izquierda y luego derecha. Pregúnteles a los niños: -¿Qué está persiguiendo la chita?

Los niños pueden gritar nombres de animales. Hagan sonidos de animales. Luego corran en el lugar.

¡Corriendo, corriendo, corriendo, corriendo!

¡Oh! ¡Se escapó!

Repita el canto y la pregunta.

Precalentamiento del gatito – Preescolar y niños mayores

Comenzar en la **postura de la tabla**. Hay un gatito, **postura del gato/de la vaca**, jugando con un ovillo de lana. Pasar el brazo derecho a través de la abertura entre el brazo izquierdo y el cuerpo y acostarse sobre el brazo. Mover los dedos como si estuvieran jugando con un ovillo de lana. Repetir del otro lado. Luego llega un perro, **perro mirando hacia atrás, *adho mukha svanasana*,** y espanta al gatito. Doblar las rodillas, saltar a **flexión hacia adelante, *uttanasana*.** Inhalen subiendo hasta quedar nuevamente de pie. El gatito sale a jugar en el césped. Las piernas juntas y los brazos arriba, por encima de la cabeza, con los dedos entrelazados y los dedos índices juntos formando una punta. Inhalar hacia arriba al centro y luego exhalar bajando a la derecha. Inhalar hacia arriba al centro y luego exhalar bajando hacia la izquierda. Repetir, y luego exhalar bajando las manos hasta volver al espacio del corazón.

Precalentamiento a orillas del mar

Sentados con las piernas cruzadas, **en postura de loto, *padmasana***

Eres un **faro**: inhala al centro, dobla el cuello a la izquierda y exhala. Regresa al centro para inhalar, exhalar y doblar el cuello a la derecha, enviando luz a ti mismo y a todos los demás. Hay una **gaviota** en la costa. Levanta los brazos por encima de la cabeza y luego bájalos. Inhala y levanta los brazos, exhala y baja los brazos. Te subes a un barco, **postura del barco, *navasana*.** Crea los remos con tus manos y dedos bien separados. Canta: -Rema, rema, rema el barco. El **barco** comienza a bambolearse. Regresa a la **postura de loto**, mécete de lado a lado con ambas caderas sobre el suelo. Inhala subiendo el brazo izquierdo sobre la cabeza y exhala, estirándote a la derecha. Repetir del otro lado. Mece más el barco. Sentado sobre el hueso caudal, sosteniéndote las rodillas, mécete hacia adelante y hacia atrás lentamente sobre la columna y usa la barriga para tirarte hacia arriba y volver a sentarte. Luego haz olas más y más fuertes a medida que llega una tormenta, meciéndote de atrás hacia adelante sobre la columna. Estréllate en la costa, **flexionándote hacia adelante en postura sentada, *paschimotanasana*.** Luego pasa caminando un **cangrejo, *purvotanasana*.** El cangrejo te pellizca para que te levantes. Levantando la pierna derecha mientras estamos en la postura de cangrejo, pellizcar con los dedos del pie. Cambiar a la izquierda. Subir hasta **flexionarte hacia adelante en postura de pie, *uttanasana*,** inhalar y levantar los brazos y el torso hasta quedar de pie, **postura de la montaña, *tadasana*,** y regresar al espacio del corazón, ***anjali mudra*.**

Precalentamiento de la nave espacial

Sentados en la **postura de loto, *padmasana*.** Encoger los hombros hacia arriba, colocarlos sobre la espalda, los brazos separados de los costados del cuerpo en forma de V, con los dedos apuntando hacia abajo. Se inhala y exhala para calentar el motor. Torcer el torso con el brazo izquierdo adelante y el brazo derecho atrás hacia la derecha, torciéndose suavemente y cambiando de brazos. Coloquen las manos sobre los hombros, hacer círculos con los hombros, preparándose para despegar, y luego deténganse y tuerzan los hombros nuevamente de izquierda a derecha.

Inhalar subiendo los brazos por encima de la cabeza, con las manos entrelazadas estirándose hacia el cielo, exhalar y despegar. Pregúnteles a los niños adónde desean ir. ¡Plutón! Inhalar, y luego exhalar y extenderse hacia el lado derecho y estirarse. Inhalar volviendo hacia arriba y extender los brazos hacia el otro lado. Regresar nuevamente los brazos a los costados. Bajarse de la nave espacial y subirse al vehículo lunar. Empujarse hacia arriba hasta llegar a la **postura del cangrejo**, *purvotanasana*. Volver la cabeza, los ojos giran y giran mirándolo todo. Exhalar bajando hasta volver a posición de sentado.

Pregúntele a otro niño adónde desea ir. Júpiter (o Disneylandia, la casa de la abuela, etc.). Repita el ejercicio para que cada niño (o varios niños) tengan un turno. Haga sugerencias para los niños que no saben adónde ir.

Han realizado su aterrizaje final. Ponerse en **postura de tabla** y subirse al vehículo lunar y hacer **gatos/vacas** a medida que van pasando por el terreno desparejo. Salir del vehículo lunar y explorar a pie. **Posturas del corredor**, ambos lados. ¡A esconderse! Sentarse sobre los huesos para sentarse, en la **postura del niño**, *balasana*. ¿Qué hay allí? ¡Nos salta un extraterrestre! **Postura del león**, *simhasana*, rugir con fuerza y abrir bien los ojos. Repetir tres veces.

Precalentamiento de la mariposa

Sentarse en la **postura del ángulo cerrado**, *baddha konasana*, sobre el suelo.

Mariposa, mariposa ¿adónde vas?

El maestro llama a un niño. El niño nombra un lugar favorito o dice adónde desea volar. Levantar las rodillas y las piernas, volando como una mariposa, varias veces. Luego alargar la columna y estirarse hacia adelante. Inhalar y subir. Empujar hacia atrás hasta llegar a la **postura del cangrejo**, y luego extenderse hasta *purvotanasana*. Repetir el canto, eligiendo a otro niño en el círculo y continuar así.

Precalentamiento de la serpiente

Comenzando en la **postura del niño**, *balasana*, decirles a los niños:

-Serpiente, serpiente ¿cómo estás?

Elija a un niño para que responda.

El niño se mueve hasta llegar a la **postura de la cobra**, *bhujangasana*, y dice:

-Bien, gracias.

Pídales a los niños que digan gracias, alargando la letra "s" como una serpiente. Arrodillarse volviendo a la **postura del niño**, *balasana*. Continuar el ciclo eligiendo a otro niño.

Flor floreciente

Comenzar **flexionando hacia adelante en postura de pie**, *uttansasana*.

Florcita, florcita ¿por qué eres chiquita?

Comenzar a crecer desplegando la columna hacia arriba, inhalando y exhalando lentamente.

Crece, crece, crece.

Cuando los niños llegan a las caderas, exhalar. Inhalar subiendo los brazos a los costados y luego estirar los brazos por encima de la cabeza, tratando de tocar el cielo.

Florcita, florcita, la vida es bonita.

Dejar que los dedos bailen al sol. Mirar hacia arriba como una flor que florece. Entrelazar los dedos sobre la cabeza con el índice y el pulgar juntos apuntando derecho. La flor se mece con el viento. Exhalar y estirarse hacia la izquierda. Inhalar y volver al centro. Exhalar y estirarse a la derecha. Repetir tres veces.

Precalentamiento con premio

¡Prepararse para correr una carrera! Comenzar en la **postura de la montaña,** *tadasana.* Inhalar subiendo los brazos y luego hacer una reverencia hasta **flexionarse hacia adelante en postura de pie,** *uttanasana.* Inhalar subiendo la mitad del camino, exhalar y luego dar un paso hacia atrás con la pierna izquierda, quedando en la **postura de corredor.** Colocar el pie de atrás y quedar en la postura **del guerrero I,** *virabhadrasana I.* Elevar los brazos sobre la cabeza. -Hago lo que puedo. ¡Sé que puedo hacerlo! Volver a *uttanasana.* Repetir la **postura del corredor** con la otra pierna. Con un movimiento rápido, cambiar de pierna y quedar nuevamente en la postura del corredor. Estirarse y repetir cuatro veces. Hacer la **postura del corredor** nuevamente con la pierna contraria. Levantar los brazos sobre la cabeza y agradecer al público. -Agradezco. Luego hacer *uttanasana,* inhalar subiendo los brazos y el torso, tomar el premio y volver con las manos al espacio del corazón.

Precalentamiento de la exhibición canina

-¡Estamos en una exhibición de perros! Comenzando en la **postura de la montaña,** *tadasana,* y luego **flexionar hacia adelante en postura de pie,** *uttanasana.* Dar un paso hacia atrás para quedar en **postura de perro mirando hacia atrás,** *adho mukha svanasana.* Doblar las rodillas levemente. Pedirles a los niños que muevan las nalgas como si tuvieran una cola y luego estiren las piernas. Diga los nombres de varios tipos de perros en voz alta, tales como perro de trineo, cachorro, perro salado, perro caliente, husky, etc. Pídales a los niños que digan esos nombres en voz alta. Entre perro y perro, traer una pierna hacia adelante hasta quedar en la **postura del corredor.** Luego volver al **perro mirando hacia atrás** cuando llaman el nombre de uno. Asegurarse de cambiar la pierna cada vez. Luego pasar a la **postura del guerrero I,** *virabhadrasana I,* y tomar el premio. Cambiar de lado.

Precalentamiento de la tierra y el cielo

Comenzar de pie en la **postura de la montaña,** *tadasana.* Con las manos en la **postura del corazón,** *anjali mudra.* Inhalar subiendo los brazos por encima de la cabeza, exhalar y doblarse hacia adelante. Inhalar y estirarse subiendo hasta mitad del camino, recoger toda la energía de la tierra y verterla adentro de uno. Exhalar y doblarse hacia adelante. En la próxima inhalación, levantar el cuerpo y los brazos hasta quedar parado nuevamente, levantar los brazos por encima de la cabeza, recoger toda la energía del cielo o el universo... y llevarla al corazón. Bajar los brazos a los costados y volver a la **postura del corazón,** *anjali mudra.*

Precalentamiento YO SOY

Comenzar de pie en la **postura de la montaña,** *tadasana.* Con las manos en la **postura del corazón,** **anjali mudra.** Girar las palmas en posición contraria a la cara. Juntar las puntas de los dedos y los pulgares de manera de formar un triángulo. Llevar las manos hasta la zona de la cadera. Decir: -Yo soy. Llevar las manos a la **postura del corazón,** *anjali mudra,* y decir: –Yo soy amor. Elevar las manos y los brazos por encima de la cabeza. Formar un triángulo juntando los dedos índices y pulgares y mirar sus manos ubicadas encima de la cabeza. Decir: –Yo soy luz. Volver a colocar las manos en el área del corazón. Inhalar subiendo los brazos sobre la cabeza, con las palmas juntas. Decir: -Yo soy el paraíso (o el cielo). Exhalar flexionándose hasta llegar a la postura de **flexión hacia adelante,** **uttanasana.** Decir: -Yo soy la tierra. Inhalar regresando a la postura de pie, volver a juntar las manos y llevar la energía hacia el corazón diciendo: –Yo soy.

El saludo al sol, *surya namaskar*

Incluya saludos al sol en todas las clases. Generalmente yo las realizo tres veces. Después de que los niños la hayan aprendido, elegir a un niño para que las dirija.

Pídales a los niños que le repitan el canto a medida que usted lo va cantando.

1) Estando de pie en la **postura de la montaña,** inhalar con las manos en el área del corazón, *anjali mudra.*

2) Estirar los brazos por encima de la cabeza. Exhalar y hacer una reverencia hacia

    El sol, el sol

1)   2)

3)   4)   5)

3) **Flexión parada hacia adelante,
   uttanasana.**

   Yo saludo al sol.

4) Inhalar subiendo hasta la mitad.

   Abro mi corazón

5) Volver exhalando a la **flexión hacia
   adelante**.

   a todos.

6)

6) Inhalar estirando la pierna izquierda
   hasta llegar a la **postura del corredor**.

   El sol sale.

7)

7) Exhalar estirando la pierna derecha
   hasta llegar a la **postura de la tabla.**

   Y el sol se pone.

8) Inhalar bajando las rodillas.

8)

   Todo el mundo

9) Exhalar recostándose en el suelo.

   descansa en mi corazón.

9)

10)

11)

12)

13)

14)

15)

10   Inhalar subiendo a la **postura de la cobra,**
      bhujangasana. Los niños pueden silbar.

      Vuelvo a subir

11)   Exhalar, meter los pies y subir a la
      postura del perro mirando hacia atrás,
      adho mukha svanasana. Los niños
      pueden ladrar.

      listo para vivir

12)   Inhalar moviendo la pierna derecha
      hacia adelante hasta volver a la
      postura del corredor.

      feliz de ser

13)   Exhalar subiendo a la **flexión hacia
      adelante,** *uttanasana.*

      y listo para dar.

14)   Inhalar volviendo a subir hasta la
      mitad.

      El sol, el sol

15)   Exhalar haciendo una **flexión hacia
      adelante.**

      Yo saludo al sol.

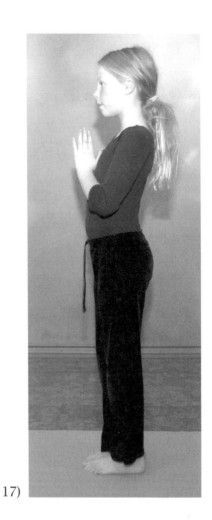

16)   17)

16)   Inhalar con las piernas fuertes para levantar los brazos y a uno mismo por encima de la cabeza.
      A los niños les gusta aplaudir una vez cuando suben las manos estirándolas por encima de la
      cabeza.

      Abro mi corazón

17)   Exhalar volviendo a colocar las manos en el área del corazón.

      a todos.

Después de los saludos al sol, pídales que se paren en la **postura de la montaña,** *tadasana*, con las
manos en la postura *anjali mudra*, en el área de su corazón. Pídales que cierren los ojos y que se fijen
cómo se siente su cuerpo. Permítales sentir la energía en sus cuerpos y que surjan sus emociones.
Permítales volverse conscientes de sus emociones, su energía, etc. Pídales que imaginen que tienen el
poder del sol en su interior y que están recibiendo amor y paz y están enviando sus dones especiales
al mundo a través de sus manos, pies, corazón, etc.

Después de varias clases, muchos de los niños serán capaces de dirigir una ronda de saludos al sol.

CUENTOS GUIONADOS

CÓMO USAR LOS CUENTOS GUIONADOS

Narre los siguientes nueve cuentos reuniendo a los niños alrededor suyo. Cuanto más grande sea la clase, mejor será que los tenga cerca sentados en un círculo alrededor suyo para la narración. Antes de cada cuento, hable sobre su origen geográfico, de ser pertinente. Pregunte: -¿Dónde está la China, Egipto, Inglaterra, etc.? Para esto es útil tener un globo terráqueo simple inflable o un individual con el mapa del mundo. Cuando termine de narrar el cuento, dígales a los niños: -¡Ahora ayúdenme a volver a contar el cuento con yoga!

Realice las posturas de yoga y pregúnteles a los niños durante la actuación del cuento: -¿Quién es el personaje principal? ¿Quién es el héroe? ¿Quién es el villano? Continúe con el cuento preguntando: -¿Qué pasa ahora? ¿Y luego qué pasó? ¿Quién estaba en el pozo de agua? ¿Qué regalos le dio la serpiente al marinero? Use imágenes del cuento para hacer preguntas. Vaya llevando la respuesta a la pregunta hacia un ásana. Si ve la imagen de un árbol en el cuento, haga una pregunta que pueda contestarse con el símbolo y el ásana del árbol *(vrksasana)*. Por ejemplo, en *El sueño del buhonero*, pregunte: -¿Qué estaba junto a la casa del buhonero? ¿Qué estaba levantando su casa? ¡Un árbol!

Esto también ayudará a preparar a los estudiantes para inventar sus propias historias para agregarles posturas de yoga. Si a los niños les cuesta este proceso, como tal vez ocurra con los niños de edad preescolar, ayúdelos contando brevemente la secuencia del cuento, recordando imágenes específicas y haciéndoles preguntas sobre el cuento. Haga morisquetas y actúe la postura para ayudarlos a recordar. Es posible que tenga que contar todo el cuento, pero hasta los niños más jóvenes son muy despiertos.

Si tiene tiempo después de *savasana*, pídales a los niños que le vuelvan a contar el cuento. Elija a tres niños para que uno cuente el comienzo, otro la parte del medio y otro el final. Pídale a cada niño que cuente su parte, y luego le demuestre a la clase un ásana que haya aprendido y pueda hacer en el hogar, el gimnasio, o durante el recreo, etc.

Después de cada clase, dígales a los niños que son excelentes yoguis, y que todos son narradores de cuentos. Aliéntelos a practicar en su hogar con sus padres y a contarles el cuento a la hora de cenar, a la hora de los cuentos o en otro momento.

EL VIAJE DEL GUERRERO
Cuento original de Sydney Solis

Tema: El yoga y tú

Esta clase está dedicada a darle la bienvenida a cada niño a la lección y a ayudarlo a familiarizarse con el yoga, las posturas de yoga, la clase y la estructura de los cuentos. Este cuento se va actuando a medida que se narra. No es necesario hacer todas las posturas y puede agregar posturas si así lo desea. Use afirmaciones libremente.

¡Tú eres el héroe de tu propia historia! *Guerrero I, virabhadrasana I.* Hacer la pose de ambos lados. ¡Tienes un gran corazón y eres bondadoso!

¡Vas a realizar un viaje! –Creo en mí mismo. ¡Tendré éxito!

Caminando en tu viaje, vas por aquí, **postura del triángulo, *trikonasana***, y por allá. Repetir la **postura del triángulo** del otro lado. Subes una colina, **postura en ángulo lateral, *parshvakonasana***, y bajas una colina, ***parshvakonasana*** en el lado opuesto, bajando el brazo. Repetir de cada lado.

Cruzas un puente, **postura del puente, *setu banda sarvangasana***, pasando por encima de un bello río, flexiónate a la altura de la cadera, con la espalda derecha y los brazos hacia adelante. Llegas a un árbol, **postura del árbol, *vrkasasana***. Los brazos se elevan y florecen. Hacer de cada lado.

Decides descansar. Bajas al suelo, ***janu shirsanasa***, estiramiento de piernas. Repetir de ambos lados, y luego estirar ambas piernas, ***upavishta konasana***. Luego te acuestas y te duermes, **postura del héroe, *virasana***, luego te acuestas del todo, ***supta virasana***.

Todos los animales son tus amigos. Bajan deslizándose por un resbaladero desde un arco iris, ***purvotanasana***. Hasta llegar a una **postura de arco mirando hacia arriba, *urdva dhanurasana***. Vienen muchos animales a visitarte. Agregar todos los animales que deseen. **Postura de cobra, *bhujangasana*** (los niños pueden silbar como una serpiente); perro, **postura de perro mirando hacia atrás, *adho mukha svanasana*** (ladrar); **postura del camello, *ustrasana;* postura del pez, *matsyasana;*** tortuga, ***kurmasana;*** cuervo, ***bakasana;*** sapo, ***bekasana;*** paloma, ***eka pada rajakapotanasana prep***.

El héroe se despierta y observa toda la creación: los animales, la tierra, el cuerpo. Miras para un lado, **postura de torsión sentada, *ardha matsyendrasana*** I. Reflexiona sobre su corazón y recuerda de dónde vino.

Los animales te dan un regalo. Es un arco, **postura del arco, *dhanurasana***, y una flecha, **postura de guerrero III, *virabhadrasana III***. Agradeces a los animales y te despides. Pero eres una persona nueva, **postura del señor de la danza, *natarajasana***.

Vuelve a cruzar el puente, **postura de puente sobre el suelo, *setu bandha sarvangasana***. Subes a un barco cerca de un bello lago, **postura del barco, *navasana***. Luego te bajas del barco, vas a casa y reflexionas sobre el maravilloso viaje, **postura del niño, *balasana***. Eres una persona diferente y mejor gracias al viaje que realizaste.

Charla

A los niños les hace feliz expresarse. Aliente esta actividad preguntándoles después cómo se sienten, qué postura les gustó más y por qué. Explíqueles que éste es su viaje interior y que ellos son los héroes de cada cuento. Pídales que hablen de algo especial suyo y que nombren algo que hacen especialmente bien. Tenga un bastón o un objeto que pueda pasarse de un niño a otro, simbolizando que cada uno tiene un turno para hablar mientras los otros escuchan en silencio. Cuente una historia personal sobre un viaje que haya realizado sólo y cómo lo cambió o hizo sentir ese viaje. Pídales a los niños que hablen y cuenten historias sobre otros viajes que han realizado.

EL CONEJO EN LA LUNA - India

Tema: La ayuda a los demás, el sacrificio

Había una vez en un lugar muy, muy lejano un grupo de animales que eran amigos. Había un conejo, un mono, un elefante y una nutria.

Los animales vivían en un bello bosque frondoso con abundantes mangos, bananas y papayas para comer. La mayoría de las noches, en el cielo brillaba una hermosa luna que los cuidaba.

Todos los animales eran muy buenos, pero el conejo era muy especial. Él parecía irradiar amor y alegría de su ser interior. Un día, el conejo reunió a sus amigos y les dijo:

-Amigos míos, cada día que disfrutamos de esta abundancia, pienso que sería bueno compartirla con quienes tienen menos que nosotros. Compartamos nuestra abundancia con la próxima persona que pase por este bosque.

Los animales estuvieron de acuerdo. Un gran espíritu escuchó todo esto y quedó muy admirado por el gesto bondadoso del conejo. El espíritu comenzó a seguir a los animales, escuchándolos.

El elefante dijo: -Llenaré mi trompa con agua fresca y se la daré a la persona.

La nutria dijo: -Me sumergiré en el arroyo y le traeré a la persona un pescado para comer.

El mono dijo: -Me subiré a este árbol y traeré algunas bananas para ofrecerle.

El conejo comenzó a pensar. -Mis amigos tienen tantas cosas maravillosas para ofrecer que les gustan a los humanos. Los conejos comemos hierba, y no creo que a un humano le guste mucho la hierba. Ahora que lo pienso, he oído que a los humanos les gusta la carne de conejo. ¡Eso es! Construiré una hoguera y me entregaré al humano para que me coma.

El gran espíritu escuchó esto y quedó asombrado. Decidió convertirse en un mendigo y probar al conejo, y apareció a la mañana siguiente.

-¡Miren! -exclamaron los animales. ¡Hay un humano en el bosque! ¡Llevémosle nuestros regalos!

Los animales pusieron sus regalos a los pies del mendigo, que en realidad era el gran espíritu. El mendigo les agradeció.

Era el turno del conejo para darle su regalo.

-No tengo nada para darte, excepto a mí mismo -dijo el conejo. Construyó una hoguera, la encendió y se lanzó a las llamas ardientes. Sin embargo, ni una llama lo tocó. El mendigo metió la mano en el fuego y tomó al conejo, protegiéndolo y sacándolo de las llamas.

-Has hecho algo grande, valiente y altruista. Sería bueno que todos pudiesen siempre ver tu gran acción y ejemplo por sí mismos. Así es que el mendigo elevó al conejo muy, muy alto en el cielo hasta que llegó a la luna, y allí es donde descansa ahora.

La gente de la India dice que ve al conejo en la luna. La próxima vez que haya luna llena, levanta la vista y fíjate si puedes encontrar al conejo y recordar su ejemplo.

EL CONEJO EN LA LUNA – posturas de yoga

El héroe, **guerrero I,** *virabhadrasana I*

El conejo, **postura del conejo.** También se puede saltar como un conejo.

El elefante, balanceos de elefante. Balancearse de pie, con las manos agarradas y los brazos estirados hacia adelante. Balancearse a la altura de la cintura de izquierda a derecha. Los elefantes son fuertes, así que también se pueden hacer las posturas **guerrero III,** *virabhadrasana III* **o guerrero I,** *virabhadrasana I*, juntar las manos y los dedos índices haciendo una punta como una trompa y extender hacia arriba.

La nutria, hacer postura de **gato/vaca** o bajar las caderas hasta el piso desde la **postura de la tabla** con las rodillas juntas primero hacia la izquierda y luego hacia la derecha.

El mono, **piernas abiertas hacia adelante,** *hanaumanasana*. Los niños también pueden saltar como los monos.

Árbol, **postura del árbol,** *vrksasana*

Mono que toma mangos, **postura de camello,** *ustrasana*. Extender el brazo derecho hacia arriba, con la mano izquierda todavía en el talón y luego cambiar de lado.

Elefante que toma agua, **flexión hacia adelante estando de pie,** *uttanasana*. Luego inhalar y levantar el torso y los brazos, con las manos juntas y los dedos índices formando una punta. Luego flexio-ionarse hacia la izquierda y hacia la derecha.

Nutria que atrapa peces, **postura de pez,** *matysanasana*

Conejo en el fuego, **postura de ángulo cerrado,** *baddha konasana*

La luna, **postura de media luna,** *ardha chandrasana*

Levantando al conejo hasta la luna, **respiración lunar** en círculos estando sentado.

Charla

Cuenten historias de veces en las que ayudaron a alguien. Por ejemplo ¿ayudaste a tu mamá a lavar los platos? ¿Ayudaste a tu hermanita a atarse los cordones del zapato? ¿Hay algo que hayas hecho por ti mismo?

Pregunte sobre formas en las que podemos dar. ¿Qué significa un favor? ¿Qué cosas buenas nos han dado? ¿Cómo nos sentimos cuando recibimos? ¿Y cuando damos? ¿Hay algo importante para nosotros que hayamos tenido y que hayamos dado a otro? ¿Hay alguna cosa excelente nuestra que tendríamos que sacrificar para ayudar a otro?

También es una maravillosa oportunidad para hablar sobre la luna. ¿Cuándo fue la última vez que miró la luna o estudió sus ciclos? Se sorprenderá de lo que puede ver con un simple par de binoculares. Aliente a los niños a hacer lo mismo.

EL SUEÑO DEL BUHONERO – Inglaterra

Tema: La búsqueda de nuestros sueños, creer en nosotros mismos

Había una vez un hombre, un buhonero, que vivía en una casa en el interior del país. La casa era una pequeña cabaña ubicada junto a un gran manzanero. Las raíces del árbol eran tan grandes que estaban comenzando a salir de la tierra y a levantar uno de los extremos de la casa. Pero al buhonero no le importaba. Él era feliz viviendo en su casa con su pequeño perro.

Una noche, el buhonero tuvo un sueño. Soñó que una voz le decía:

-¡Ve al Puente de Londres! ¡Ve al Puente de Londres!

Esa mañana, se levantó y dijo: - ¡Qué sueño tan extraño he tenido! ¡Una voz me decía que fuera al Puente de Londres! Pues, ¡Londres está tan lejos! De ninguna manera puedo realizar ese viaje. Y se ocupó de su trabajo de venta de utensilios en la ciudad.

Esa noche, tuvo el mismo sueño.

-¡Ve al Puente de Londres! ¡Ve al Puente de Londres!

El hombre pensó en lo extraño que era volver a tener el mismo sueño. Pero otra vez no le hizo caso.

La siguiente noche tuvo el mismo sueño.

-¡Ve al Puente de Londres! ¡Ve al Puente de Londres!

Parecía que la voz le gritaba, y pensó: -No puedo soportarlo más. Debo estar loco ¡pero voy a ir al Puente de Londres!

Así que se despidió de su pequeño perro y de su manzanero y partió por la carretera. Fue por acá y por allá. Subió y bajó colinas. Se cruzó en el camino con borricos y pájaros, y pensó: -Qué maravilloso es este viaje.

Finalmente, llegó a Londres y encontró el Puente de Londres. -¿Qué se supone que debo hacer ahora? –pensó. No lo sabía. De modo que se sentó y se quedó sentado y sentado. No sucedía nada. Se sentó, y se quedó sentado y sentado. No sucedía nada. Comenzó a oscurecer, así que se recostó y se quedó dormido.

A la mañana siguiente, esperó de nuevo. Se sentó, y se quedó sentado y sentado. Se sentó, y se quedó sentado y sentado. Finalmente, el hombre dijo: -¡Oh, he sido un tonto! ¡Seguir un sueño! ¡Estoy perdiendo mi tiempo! –y emprendió furioso el camino de regreso.

Justo en ese momento, un hombre salió corriendo de una tienda tras el buhonero gritando: -¡Espere! El buhonero se detuvo. El comerciante le dijo:

-Señor, lo he visto sentado allí hora tras hora durante dos días. Me he estado preguntado ¿qué diablos está haciendo? ¿Qué es lo que espera?

El buhonero, algo avergonzado le contestó: -Bueno, a decir verdad, tuve un sueño una y otra vez, noche tras noche, que me decía: "¡Ve al Puente de Londres! ¡Ve al Puente de Londres!" Así que finalmente pensé que debía hacer algo al respecto. ¡Pero esto es todo lo que conseguí! ¡Nada!

-¡Oh, sí! ¡Sueños! –rió el comerciante. Los sueños son algo tan tonto. Sabe usted, hace muchos años solía tener un sueño una y otra vez, al igual que usted. En el sueño, soñaba que había una casa en el interior del país con un manzanero cuyas raíces estaban levantando uno de los extremos de la casa. ¡Y debajo del manzanero había un tesoro! ¿Se imagina? ¿Yo, yendo hasta el interior del país en busca de un tonto manzanero? ¡Sueños! ¡Eso es todo lo que son!

Pero el buhonero estaba pensando. Inmediatamente dijo: -¡Adiós! ¡Gracias! Y se fue corriendo, entusiasmado, por el largo camino hasta su casa.

Excavó debajo del manzanero. ¿Qué creen que encontró? ¡Un tesoro! ¡Diamantes, rubíes, perlas! En su propio jardín, gracias a que siguió y respetó su sueño.

EL SUEÑO DEL BUHONERO – posturas de yoga

Comience con la postura **de la montaña,** *tadasana.*

El Buhonero, **guerrero I,** *virabhadrasana I*

El árbol de su casa, **postura del árbol,** *vrksasana*

Perro, **postura del perro mirando hacia atrás,** *adho mukha svanasana*

Decide ir al Puente de Londres. Se dirige hacia un lado, **la postura del triángulo,** *trikonasana,* y hacia el otro, lado opuesto.

Sube una colina, **postura del ángulo lateral,** *parshvakonasana*, y baja una colina, hacia ambos lados.

Se cruza con unos pájaros, **postura del águila,** *garudasana*

Y con unos borricos, cocear como un borrico.

Llega al Puente de Londres, **postura del puente,** *setu bandha sarvangasana*

Se sienta, y se queda sentado y sentado, **postura de la silla,** *utkatasana*, tres veces

Baja a descansar, *janu sirsasana, upavishta konasana*

Luego se va a dormir, **postura del héroe,** *virasana, supta virasana*

A la mañana siguiente se levanta. Se sienta, y se sienta, y se vuelve a sentar, **postura de la silla,** *utkatasana*, tres veces

El hombre sale de la tienda, **guerrero II,** *virabhadrasana II*

El buhonero está de pie en silencio. ¡Sabe que es él!

Corre hasta su casa, correr en el lugar.

Desentierra el tesoro, excavar, balancearse con la cintura y excavar. Pregunte a los niños qué hay en sus cofres de tesoro.

Tesoro, **postura del ángulo cerrado,** *baddha konasana*

Ponerse de pie, luego llevar el tesoro al corazón.

Diamantes, **torsiones,** *ardha matyendrasana I*

Rubíes, **postura del arco,** *dhanurasana*

Perlas, **postura del camello,** *ustrasana*

Charla

¿Qué clase de sueños tienen ustedes? ¿Los recuerdan? Aliente a los niños a charlar sobre ello y a intentar recordar lo que sueñan por las noches.

¿Qué desearían ser cuando sean grandes? ¿Qué sueños tienen para ustedes, sus amigos y su familia? Cuando honramos nuestros sueños, estos pueden ser una poderosa guía en nuestra vida.

Aliente a los niños a escribir sus sueños en un pequeño anotador de sueños y a inventar historias sobre ellos. También pueden hacer dibujos, pinturas o cualquier otra creación artística sobre los sueños que hayan tenido.

EL BIGOTE DEL LEÓN – Somalia y Sudán

Tema: Paciencia, perseverancia

Había una vez una mujer que se casó con un hombre viudo que tenía un hijo. Su hijo era un buen joven. La mujer lo quería y deseaba tratarlo como si fuera su propio hijo. Pero cuando intentaba abrazarlo, él la rechazaba.

-¡Vete! ¡Tú no eres mi verdadera madre! –le decía-. ¡Mi verdadera madre está muerta! ¡Te odio!

La mujer estaba muy triste. Hizo de todo para que él la quisiera. Preparaba sus comidas favoritas. ¡Pero él se las arrojaba! Intentaba hablarle, pero él se alejaba furioso.

La mujer era tan infeliz que un día decidió consultar a un médico brujo, famoso por preparar pociones de amor.

-¡Quiero que me prepare una poción de amor para que mi hijastro me quiera! –le dijo al médico brujo.

-Eso es algo muy difícil de hacer –dijo el doctor.

-¡Haré lo que sea! –gritó la mujer.

-Pues, primero debes traerme el bigote de un león –dijo el doctor.

-¿El bigote de un león? ¿Cómo diablos haré eso? –dijo ella-. ¿Cómo hago para acercarme a un león feroz?

-Si quieres que prepare la poción de amor, necesito el bigote de un león –dijo el doctor-. Te dije que sería difícil.

La mujer estaba decidida a lograr que su hijastro la quisiera, de modo que ideó un plan. Una noche de luna llena se armó de todo el valor que tenía dentro de sí y se internó en la jungla en busca de un león. A medida que avanzaba lentamente a través de la jungla, pájaros extraños pasaban volando sobre ella y las serpientes se arrastraban a su paso. Pero estaba decidida.

Llegó a una cueva. Dentro de ella dormía un enorme león. La mujer había traído consigo algo de comida. Dejó la comida en el suelo y se alejó.

El león se despertó y rugió. Entonces vio la comida y la engulló.

A la mañana siguiente, la mujer regresó nuevamente. Esta vez se acercó un poco más antes de dejar la comida al león. Luego se alejó. El león volvió a rugir y engulló toda la comida. La mujer hizo esto durante muchos días, hasta que un día, dejó la comida tan cerca del león y él estaba tan acostumbrado a verla, que permitió que se le acercara. La mujer acarició su suave melena y el león ronroneó contento. Con un rápido movimiento, la mujer arrancó un bigote de la mejilla del león. Encantada, corrió todo el camino hasta la casa del médico brujo y le mostró el bigote.

-¡Mire! ¡Tengo el bigote del león! ¡Ahora, prepare la poción de amor!

El médico brujo tomó el bigote del león y lo examinó detenidamente. Luego lo arrojó al fuego que estaba frente a ellos y el bigote ardió de inmediato.

-¿Cómo pudo hacer eso? –gritó la mujer, horrorizada-. ¡No tiene idea de lo que tuve que hacer y cuánto tiempo me llevó conseguir que ese león confiara en mí!

-Si lograste tener semejante paciencia para ganarte la confianza de un león, de seguro podrás tener esa misma paciencia para ganarte la confianza de tu hijastro –le dijo el médico brujo.

De pronto, la mujer comprendió todo y regresó a casa con su hijastro. Fue cariñosa y paciente con él, y con el tiempo, el hijastro aprendió a querer a su madrastra.

EL BIGOTE DEL LEÓN – posturas de yoga

La madre, **guerrero I**, *virabhadrasana I*, ambos lados

El hijo, firme en su postura hacia su madre, **postura de la montaña**, *tadasana*

Le dice que se aleje - respiración de la luna, círculos con los brazos

Médico brujo, **guerrero II**, *virabhadrasana II*

Viaje al interior de la jungla, **postura de ángulo lateral**, *parshvakonasana*, hacia ambos lados

Se arrastra por el suelo de la jungla , **postura de la paloma**, *eka pada rajakapotanasana prep* - ambos lados

Ve una serpiente en el camino, **postura de la cobra**, *bhujangasana*

Ve pájaros en el camino, postura del águila, *garudasana*

Regresar al suelo con la **postura de flexión hacia adelante**, *uttanasana*. Llevar las piernas hacia atrás a la **postura de la tabla**, bajando hasta llegar al suelo.

La mujer deja el alimento, estirar los brazos hacia adelante luego colocarlos hacia atrás en la **postura del niño**, *balasana*.

Afirmaciones: "¡Soy paciente! ¡Estoy en calma! ¡Puedo hacerlo!"

El león ruge, **postura del león**, *simhasana*

Haga que los niños terminen de comer el alimento. Pregúnteles qué clase de alimento es y anímelos a comerlo.

El león descansa en la **postura del niño,** *balasana*.

Al día siguiente, la madre viene de nuevo, **zancadas de corredor,** izquierda y derecha

Repetir el rugido del león, comiendo todo el alimento, luego la **postura del niño.**

La última vez, la mujer deja la comida en el suelo. Se tiende de espaldas en la **postura del héroe,** *supta virasana*, a esperar a que el león sea bueno esta vez y coma el alimento. La mujer se acerca, tendida sobre su estómago, **postura del barco mirando hacia arriba,** *purna navasana*, arranca el bigote del león. Haga que los niños interpreten el momento de arrancar el bigote.

Regresa con el médico brujo y está tan feliz que volverá rodando a su casa, **postura del arco,** *dhanurasana*, haga que los niños se balanceen hacia la izquierda y luego hacia la derecha.

Le entrega el bigote al médico brujo, y éste lo quema. Salir de la **postura del arco,** colapsar. No puede creer que esto haya pasado.

Sin embargo, cuando comprende las palabras del médico brujo, la mujer entiende y su corazón se abre, **postura del camello,** *ustrasana*.

Charla

Haga hablar a los niños acerca de algún momento de sus vidas en el cual hayan sido pacientes. ¿Qué hicieron? ¿Qué sucedió? Hágales sugerencias a los niños más pequeños. Por ejemplo: ¿Tuvieron que esperar en una fila? ¿Aguardaron su turno para jugar? Los niños más grandes pueden contar historias más detalladas.

Relate una historia personal sobre algo que haya logrado y que fue difícil de hacer.

Recuérdeles a los niños que cuando se enfrenten con dificultades o momentos de impaciencia, pueden respirar o entonar la canción de la respiración para relajarse y mantener la calma y tranquilidad.

EL PERAL MÁGICO – China

Tema: La falta de codicia, el dar

Había una vez un hombre muy anciano que deambulaba por una pequeña aldea de China. No tenía más que la ropa y los zapatos que llevaba puestos. La gente lo reconocía de inmediato y nadie le temía. Era un monje errante, y las personas lo querían. Sabían que estos monjes errantes podían hacer magia.

Todos los días, el monje mendigaba su alimento y la gente gustosamente le daba un poco de arroz o de vegetales.

-No le pida al granjero Chu- le advirtió un pequeño-. – Él nunca da nada. ¡Lo rechazará!
El hombre le agradeció al niño su consejo.

Una mañana hubo un festival en el mercado y todas las personas se reunieron allí. El granjero Chu también fue. Tenía un enorme carro de madera repleto de peras, tirado por un borrico. Era cruel con el borrico. Le daba latigazos y le gritaba para que se moviera con mayor rapidez. Ese día hacía mucho calor, así que la gente compraba las peras al granjero Chu a pesar de que éste era tan malvado, pues las peras eran dulces y jugosas y calmaban la sed.

El anciano decidió pedirle una pera al granjero Chu.

-¡Aléjate de mí, viejo mendigo! ¡De mí no recibirás nada! –bramó el granjero Chu.

La gente le gritó al granjero Chu: -Dele una pera al anciano, tonto tacaño-. Pero el granjero Chu se negó. Finalmente, una mujer le compró una pera al anciano.

El anciano le agradeció a la mujer, sostuvo la pera en lo alto y dijo: -Todos ustedes han sido muy buenos conmigo y me dieron alimentos para comer. Deseo darles algo a cambio.

Todo el mundo se acercó. El anciano comió la pera lentamente, disfrutando de cada bocado. Luego guardó una pequeña semilla negra. Colocó la semilla en el suelo y luego le pidió a un niño que buscara agua hirviendo. El niño llevó el agua y el anciano la echó sobre la semilla.

Instantáneamente, la semilla comenzó a crecer frente a los ojos de todos. La gente observaba con asombro a medida que la semilla crecía y crecía hasta convertirse en un enorme árbol de peras. ¡El árbol floreció y pronto aparecieron las peras, maduras y listas para comer!

El anciano trepó al árbol, recogió las peras y se las fue pasando a todos. Entonces, el árbol de peras comenzó a marchitarse y pronto murió. El anciano se dispuso a cortarlo y, mágicamente, tuvo suficiente madera para repartir entre todos. La gente se lo agradeció. Él hizo una profunda reverencia y lentamente se alejó de la ciudad.

Justo en ese momento, se oyó un grito desde la multitud.

-¡Deténgase, ladrón! ¡Ese hombre se robó mis peras! –era el granjero Chu. Estaba de pie, en el lugar donde antes estaba su carro. Ahora, no quedaba más que su borrico y una rueda.

Todos comenzaron a reír. Sabían que el anciano le había enseñado una lección al granjero Chu. Había usado su magia para hacer desaparecer las peras del granjero y la madera del carro para el árbol.

Desde entonces, la gente siempre dice: -No seas codicioso, o terminarás siendo un tonto como el granjero Chu.

EL PERAL MÁGICO – posturas de yoga

El anciano, **guerrero I,** *virabhadrasana I,* pidiendo comida - extender las manos

Niño pequeño, **guerrero II,** *virabhadrasana II*, o, **postura del ángulo lateral,** *parkvakonasana*

Granjero Chu, ponerse en cuclillas, su corazón está clausurado, **postura del demonio.**

Alejarse, regresar a la posición de pie en puntillas. Respiración de la luna, círculos con los brazos.

Pera, **postura del camello,** *ustrasana*

Plantar la semilla, *prasarita padotanasana* , piernas extendidas. La mano derecha baja, la mano izquierda sube con un giro. Torsiones al nivel del ombligo. Plantar la semilla de pera. Cambiar. La mano izquierda baja, la mano derecha se levante en el aire. Repetir.

Manos en la cintura, hombros en la espalda. Inhalar y volver a posición erguida.

Tetera, **postura del bailarín de plumas,** *natarajasana*, echando agua a la semilla. Ambos lados.

Árbol, **postura del árbol,** *vrksasana*. Las flores del árbol. Extender los brazos y luego bajarlos suavemente a los costados.

Cortar el árbol. Inhalar arriba y abajo. Inclinarse a la altura de la cintura.

Ramas de árbol, *janu sirsasana*, ambos lados.

Atados de leña, **postura del ángulo cerrado,** *baddha konasana*

Borrico y rueda, **coces de borrico,** y, **postura del arco mirando hacia arriba,** *urdva dhanurasana*

Volver a la postura del **perro mirando hacia atrás,** *adho mukha svanasana*. Saltar al frente de la colchoneta a la **postura de flexión hacia adelante,** *uttanasana,* inhalar y subir. Brazos al corazón.

-¡Él se robó mis peras!

¡Risas! Balancear los brazos y el cuerpo de un lado al otro. Rodar por el suelo.

Charla

Pregúnteles a los niños si recuerdan haberle regalado algo a alguien. ¿Cómo los hizo sentir eso? ¿Pueden recordar alguna vez en la que no querían regalar algo? ¿Por qué no querían hacerlo? ¿Cómo los hizo sentir eso? Relate una historia personal acerca de alguna vez en la que tuvo algo que realmente le gustaba pero que alguien necesitaba o quería, y usted se lo dio. Pregúnteles a los niños qué clase de cosas podemos hacer para ayudar a los más necesitados, como por ejemplo donar viejos juguetes, organizar una venta de pasteles o recaudar fondos para las personas sin hogar.

DIAMANTES, RUBÍES Y PERLAS – Alemania

Tema: Nuestras acciones importan

Había una vez una encantadora jovencita que vivía con su madre, que era muy pobre. Un día, la madre le dijo: -Hija mía, por favor sube a la colina a buscarme un poco de agua.

-Por supuesto, madre. Y se fue a la colina.

Al llegar, se encontró con una mujer muy, muy anciana sentada junto al pozo de agua.

-Por favor, jovencita –dijo la mujer–. Tengo mucha sed ¿no podrías darme un trago de agua?

-¡Sí, por supuesto! Con mucho gusto. Usted siéntese aquí y descanse –exclamó la niña.

La niña extrajo agua del pozo y luego le dio un trago a la anciana.

-Muchas gracias -dijo la anciana-. Por tu amabilidad, la buena suerte siempre te acompañará. Cada vez que hables, sólo saldrán de tus labios diamantes, rubíes y perlas.

-¿De qué está hablando? –preguntó la niña. De inmediato, hermosos diamantes, rubíes y perlas brotaron de su boca. Un enorme montón centelleante yacía ahora frente a ella. La niña bajó la colina corriendo y llegó gritando hasta su casa, dejando un brillante rastro de joyas detrás de ella.

Cuando llegó a su casa le contó a su madre todo lo que le había sucedido, y a medida que lo hacía otra serie de joyas preciosas brotó de su boca.

Una vecina que estaba de visita en casa de la anciana, al ver lo que había pasado pensó: -Pues, si su hija consiguió las joyas, de seguro mi hija puede hacerlo también. Quizás hasta pueda conseguir el doble de joyas.

Así que envió a su hija a la colina a conseguir un poco de agua. Al llegar a la cima de la colina, la anciana estaba allí esperando. La anciana le pidió un poco de agua.

-¡Largo de aquí, vieja horrible! -dijo la hija-. Deje de molestarme. ¡Jamás voy a ayudarla! –y se fue a buscar su agua.

-La mala suerte siempre te acompañará –dijo la anciana-. Cada vez que hables, sólo saldrán de tus labios serpientes, lagartos y sapos.

-¿Qué fue lo que dijo? –preguntó la niña. En efecto, serpientes y lagartos y sapos brotaron de su boca. La niña arrojó la cubeta de agua, bajó corriendo la colina y llegó gritando hasta su casa, dejando un rastro de serpientes y lagartos y sapos detrás de ella.

DIAMANTES, RUBÍES Y PERLAS – posturas de yoga

Joven, **guerrero I,** *virabhadrasana I*

Su madre, **guerrero II,** *virabhadrasana II*

Yendo a buscar agua, **triángulo,** *trikonasana,* ambos lados

Subiendo la colina, **postura del ángulo lateral,** *parshvakonasana,* ambos lados

Anciana, **guerrero III,** *virabhadrasana III,* llevar la pierna hacia los costados, luego llevar los brazos y manos a la postura del corazón

Pozo, *prasarita padotanasana,* luego molinos

Extrayendo el agua, manos en las caderas, hombros en la espalda, erguirse

Diamantes, **postura del bailarín con plumas,** *natarajasana*

Rubíes, **postura del camello,** *ustrasana*

Perlas, **postura del arco mirando hacia arriba,** *urdva dhanurasana,* o, **postura del puente,** *setu bandha ssarvangasana.*

Niña mala, **postura de flexión hacia adelante,** *uttanasana,* en cuclillas, corazón clausurado.

Serpientes, **postura de la serpiente,** *bhujangasana*

Sapos, **postura del sapo,** *bekasana*

Lagartos, *marichianasana II,* o, **postura del perro mirando hacia adelante,** *urdva mukha svanasana*

Charla

Converse acerca de cómo nuestras palabras tienen el poder de hacer bien o mal. ¿Qué consecuencias tienen nuestras acciones? Cuente una historia sobre alguna vez en la que alguien haya herido sus sentimientos. ¿Qué fue lo que hicieron? ¿Cómo se sintió? Converse acerca de cómo cuidar de los demás es en realidad cuidar de nosotros mismos.

LA LECCIÓN DE GANESHA – India

Tema: Amabilidad, no-violencia

Un día, el niño dios cabeza de elefante llamado Ganesha salió a jugar en los bosques del Monte Kailasa, donde vivía. Era un niñito travieso y en especial le gustaba correr, jugar y hacer de cuenta que era un guerrero.

Un día, salió con su juego de arco y flechas.

-¿Qué podré cazar? –pensó. Divisó a su gatito blanco y de inmediato comenzó a perseguirlo. Disparó sus pequeñas flechas al gato, el cual escapó aterrorizado. Sin embargo, Ganesha pensó que el gato se estaba divirtiendo. Así que buscó al gatito hasta encontrarlo temblando de miedo detrás de un árbol.

-¡Ajá! Te encontré –gritó. Y de nuevo disparó sus flechas al gato. Pero el gatito, todavía aterrorizado, logró escapar. Una vez más, Ganesha encontró al gato debajo de un tronco, y esta vez se abalanzó sobre él, restregó su pequeño cuerpo sobre la tierra sucia, y luego lo lanzó por el aire. Pero el gato escapó y Ganesha no pudo volver a encontrarlo.

-Bueno –dijo Ganesha–. Esto no es divertido. Y regresó a su casa.

Al llegar allí, vio a su madre, la diosa Parvati, y se detuvo al ver que tenía manchas de barro en su cara y manos, y rasguños en los brazos.

-Madre ¿qué te sucedió? –preguntó Ganesha.

Parvati se miró y dijo: –No lo sé. ¿Tú me hiciste esto?

-¿YO? –exclamó Ganesha–. Pues, ¡NO! Justo en ese momento, bajó la vista al suelo y dijo: –Oh. ¿Sabes qué? Fui algo rudo con nuestro gato hoy.

-Oh –dijo su madre, tomándolo en sus brazos–. Ahora entiendo. Sabes, Ganesha, yo soy el mundo. Mi cuerpo es todo este planeta. Cada vez que le haces algo a él, me estás dañando a mí. Ya ves, yo era también ese gatito. Por eso lo que le hayas hecho a él, me lo hiciste a mí.

-Oh, ahora lo entiendo. Mis acciones realmente importan. Lo siento mucho, madre. No lo volveré a hacer.

-Es imposible no hacerle daño a nada, pero debemos estar bien atentos a nuestras acciones, para tratar de hacer el menor daño posible.

Ganesha le agradeció a su madre la lección y salió a jugar de nuevo con el gatito, pero esta vez sin su arco y flechas.

LA LECCIÓN DE GANESHA – *posturas de yoga*

Ganesha, balanceos de elefante, **guerrero I,** *virabhadrasana I,* juntar las manos y los dedos índices para formar una trompa y extenderlas hacia arriba.

Montaña, **postura de la montaña,** *tadasana*

Gato, **gato, postura de la vaca**

Árboles, **postura del gato,** *vrksasana*

Perseguir al gato, **postura del ángulo lateral,** *parshvakonasana,* y, **postura del triángulo,** *trikonasana,* o para niños pequeños, correr en el lugar.

Arco, **postura del arco,** *dhanurasana,* o bien, pierna izquierda atrás, pie derecho adelante, caderas encuadradas hacia adelante. Inhalar y llevar los brazos por encima de la cabeza y juntar los dedos índices en un punto. Arquear la espalda suavemente como un arco.

Flecha, **guerrero III,** *virabhadrasana III*

Madre Parvati, **guerrero II,** *virabhadrasana II*

Tomarlo en su regazo, **postura del ángulo cerrado,** *baddha konasana*

Acunarlo en su regazo, tomar la pierna derecha y presionar el pie derecho en la mano izquierda. Sostener la rodilla derecha dentro del codo derecho. Luego acunar el pie dentro del codo izquierdo y mecerlo como a un bebé. Repetir del otro lado.

Salir corriendo a jugar de nuevo, **postura del arco,** *dhanurasana,* luego rodar de un lado al otro.

Charla

¿Cómo podemos ser conscientes de nuestras acciones? ¿Cómo sabemos el efecto que producimos en los demás?

Dé ejemplos de causa y efecto. Si pasamos con el semáforo en rojo ¿qué sucede? Si provocamos una pelea con alguien en lugar de hacer las paces ¿qué sucede?

¿De qué manera hacemos cosas para dañarnos a nosotros mismos, como por ejemplo tener pensamientos negativos, tomar decisiones equivocadas, etc.? ¿Cómo podemos tratarnos de manera amable sin juzgarnos duramente? Cuente una historia personal sobre cómo sus acciones tuvieron un buen o un mal resultado, o cómo se hizo daño en el pasado.

LA DANZA DEL BÚFALO – Indios americanos

Tema: Respeto, cumplimiento de las promesas

Había una vez una encantadora jovencita que vivía con su familia en las llanuras de Montana.
Una mañana, se levantó temprano y salió a caminar en busca de un poco de agua. Llegó hasta un
empinado precipicio y vio a varios búfalos parados en el borde. Su tribu consideraba sagrados a los
búfalos, y a su vez dependía de ellos para obtener alimento y ropa. Entonces les gritó: -Por favor,
búfalos, arrójense del precipicio para entregarse a nosotros. Si lo hacen, prometo casarme con uno
de ustedes.

Pues bien, al oír el ruego de la joven saltaron del precipicio y se convirtieron en alimento para su
gente. Sin embargo, el jefe búfalo seguía vivo. Se acercó a la joven y le dijo: -Ahora, jovencita, tú y
yo nos casaremos.

-¡Oh, no! –pensó la joven-. ¡Nunca podré hacerlo!

-Pero, lo prometiste –le recordó el jefe búfalo.

La joven sabía que debía cumplir con su promesa, así que se fue con el jefe búfalo para casarse.
Mientras caminaba, una hermosa urraca voló en círculos alrededor de la niña y la llamó, luego voló
a casa con su gente.

Allá en su hogar, el padre de la joven advirtió que ella no estaba y comenzó a preocuparse.

-¿Dónde se habrá ido? –se preguntó, y salió a buscarla. Divisó a todos los búfalos al pie del precipicio
y se preocupó aún más.

-¡La tiene el búfalo! La urraca se abalanzó sobre el padre e hizo que la siguiera. Le mostró dónde
estaba la joven y lo hizo esperar junto a un pozo de agua. Cuando la niña fue allí en busca de agua,
vio a su padre.

-¡Padre! ¡Debes irte en seguida! ¡Es demasiado peligroso que estés aquí! –y regresó corriendo con el
búfalo. Pero el jefe búfalo olfateó algo extraño en ella.

-¡Huelo a un humano en ti! –gritó-, y corrió al pozo de agua. Encontró al padre y con sus fuertes
piernas y pezuñas lo pisoteó hasta darle muerte. La niña lloró y lloró por su padre. Ahora el búfalo
estaba preocupado. Sabía que los humanos tenían una magia especial.

-Ve si puedes devolverle la vida a tu padre y los dejaré regresar a casa -dijo el búfalo. Así que la niña
le pidió a la urraca que buscara una parte de su padre. La urraca le trajo un trozo del hueso de la
espalda de su padre. La niña puso el hueso en el suelo, luego lo cubrió con una manta. Comenzó a
cantar: -Padre, padre, uno, dos, tres. Padre, padre, vuelve a mí -cantaba mientras danzaba en un
círculo. Mágicamente, su padre volvió a la vida.

El jefe búfalo consideró ese hecho asombroso.

-Si puedes hacer esto por tu padre y devolverlo a la vida, por favor ¿lo harías por nosotros? Nos entregamos a ti para que tuvieras alimentos y ropa, pero queremos que nos devuelvas a la vida. Si lo haces, prometo enseñarte nuestra danza- La niña aceptó.

El búfalo le enseñó la danza. –Búfalo, búfalo, uno, dos, tres. Búfalo, búfalo, regresa a mí. Y así bailaron y bailaron.

Eso es lo que hacía la gente después de cada cacería de búfalos. Respetaban y honraban a los búfalos y les agradecían por haberles dado tantos alimentos y comida y tantas otras cosas útiles. Y debido a ese respeto y honor, los búfalos siempre abundaron.

LA DANZA DEL BÚFALO – posturas de yoga

La joven, **guerrero I,** *virabhadrasana I*

El búfalo, **postura del perro hacia abajo,** *adho mukha svanasana,* los niños pueden palpar el suelo con sus pies, levantando cada pierna hacia arriba y luego llevándola hacia abajo, luego cambiando. O cualquier **postura del guerrero.**

Búfalo saltando del precipicio, arquearse en una **flexión hacia adelante,** *uttanasana.* Manteniéndose en una **flexión hacia adelante,** realizar apertura de piernas parados, levantar una pierna, luego bajarla. Repetir de ambos lados. O, **postura de la silla,** *utkatasana,* y brincar de la postura cada vez, como si estuvieran saltando de un precipicio.

El padre, **guerrero II,** *virabhadrasana II*

La urraca, **postura del águila,** *garudasana*

La niña se dirige a conseguir agua, *prasarita padotanasana,* **molinos de viento**

Triste por la muerte de su padre, **postura tendida del héroe,** *supta virasana*

Pedazo de hueso del padre, **postura de la cabeza hacia la rodilla,** *janu sirsasana,* ambos lados.

Cubrirse con una manta, **postura de flexión al frente,** *uttanasana,* luego llevar las piernas hacia atrás a la **postura de tabla,** bajando hasta llegar al suelo, **postura del arco mirando hacia arriba,** *urdva navasana.*

Danza por el padre, los niños cantan una canción. "Padre, padre, uno, dos, tres. Padre, padre, regresa a mí". Mientras se mueven en círculo hacia la derecha, saltando sobre cada colchoneta, levantar los brazos en el aire y balancearlos hacia atrás y hacia adelante. Invertir los lados y repetir.

Danza por el búfalo, repetir la danza del padre, diciendo: "Búfalo, búfalo, uno, dos, tres. Búfalo, búfalo, regresa a mí".

Charla

Pregúnteles a los niños qué clase de cosas agradecen: ¿la comida, la ropa, los juguetes? Pídales que piensen de dónde vinieron todas esas cosas. ¿Qué clase de cosas tuvieron que suceder para que los niños pudieran tener y disfrutar de todo eso? Pueden ser cosas como la comida que crece gracias al sol, la tierra y la lluvia, la gente que fabrica juguetes, etc.

¿Cómo podemos demostrar nuestro respeto y agradecimiento hacia esas cosas? Hable sobre el ritual de dar las gracias antes de las comidas, cuidar nuestras cosas y tratarlas bien. ¿Qué significa dar algo por sentado? Los nativos americanos nativos creían que si no se agradece por algo, ese algo desaparece. Pregúnteles a los niños: ¿Alguna vez no haz tratado bien a algo, o no has dado las gracias?

También converse sobre cumplir con nuestras promesas. ¿Por qué es importante cumplir con nuestras promesas? ¿Qué significa ser una persona honrada? ¿Qué clase de promesas han hecho? ¿Qué promesas cumplieron? ¿Alguna vez rompieron una promesa?

EL MARINERO NÁUFRAGO– Egipto

Tema: Esperanza, valor, compasión

Hace mucho, mucho tiempo, en el antiguo Egipto, existió un capitán de un barco que se perdió en el mar. Había perdido su barco y todo lo que éste transportaba. Estaba muy triste y preocupado porque pensaba que se metería en problemas. Otro capitán escuchó su historia y dijo:

–No temas, permíteme contarte una historia. Una vez estaba navegando en un gran barco. Llevábamos a bordo a los hombres más poderosos y valientes. Sus corazones eran fuertes como leones. Sin embargo, se desató una terrible tormenta y el barco naufragó. Me mantuve a flote solo, hasta que fui llevado por la corriente hasta una isla. Allí encontré muchos árboles con abundantes frutas para comer, cocos, higos y pescado. Estaba tan agradecido que encendí un fuego y les agradecí a los dioses.

–Justo en ese momento, un relámpago sacudió la tierra ¡y de pronto una serpiente apareció frente a mí! Me gritó: –¿Quién eres tú? ¿Por qué has venido?

–De inmediato le relaté todo lo que me había sucedido.

–Ah, –exclamó la serpiente–. Entiendo tus lamentos. Yo también he perdido cosas muy queridas para mí. Una vez cayó una estrella en esta isla, y toda mi familia desapareció. Me sentí tan triste. ¡Tú y yo somos dos sobrevivientes!

–Justo en ese momento, pensé en mi propia familia y me entristecí, pero ella me dijo:

–¡No temas, ni estés triste! ¡Sé valiente! De tus dificultades surgirán cosas buenas. Estás a salvo aquí. Y, en cuatro meses, serás rescatado. ¡Un barco vendrá por ti y verás de nuevo a tu familia!

–¡Yo estaba tan agradecido! Le dije a la serpiente que le enviaría regalos de oro y muchas riquezas por su amabilidad y hospitalidad. Pero la serpiente sólo rió.

–¡Tengo todas las riquezas que puedo necesitar! Además, esta isla desaparecerá para siempre debajo de las olas una vez que te hayas ido. Pero siempre estará contigo dentro de tu corazón. Cada vez que tengas dificultades, ten valor y recuerda la isla que vive dentro de ti.

–¡En efecto, la serpiente tenía razón! ¡Un barco en verdad vino a rescatarme! Le agradecí a la serpiente y me despedí de ella. La serpiente me pidió que hablara bien de ella a mi regreso. Me entregó numerosos regalos, tales como monos, perros y otras cosas maravillosas que yo entregué al faraón, quien me regaló una casa preciosa y me nombró teniente de navío.

–Por eso, amigo –dijo el capitán al otro capitán–, no te preocupes. Y nunca temas. Nunca se sabe qué cosas buenas pueden resultar de las penurias.

EL MARINERO NÁUFRAGO – posturas de yoga

El marinero, **guerrero II,** *virabhadrasana II*

Corazones fuertes como leones, **postura del león,** *simhasana*

Barco, **postura del barco,** *navasana*

Isla, **postura del perro mirando hacia atrás,** *adho mukha svanasana*

Árbol, **postura del árbol,** *vrksasana*

Pescado para comer, **postura del pez,** *matsyasana*

Fuego, **postura del ángulo atado,** *baddha konasana*

Relámpago, **guerrero III,** *virabhadrasana III*

Serpiente, **postura de la cobra,** *bhujangasana*

Estrella, **postura de la media luna,** *ardha chandrasana*

Monos, saltar como un mono, o, **apertura de piernas,** *hanumanasana,* o, **postura de la cabeza hacia la rodilla,** *janu sirsasana*

Perros, **postura del perro mirando hacia atrás,** *adho mukha svanasana*

Recordar la isla que siempre está dentro del corazón, **postura del camello,** *ustrasana*

Charla

Pídales a los niños que hablen sobre alguna vez en la que hayan sentido temor. ¿Qué fue lo que ocurrió? ¿Quién estaba allí? ¿Cómo superaron su miedo? ¿Surgió algo bueno a partir de la dificultad?

Piense en alguien que haya pasado por un momento difícil, o algún problema. Pídales a los niños que relaten semejanzas entre sus vidas y lo que le ocurrió a esa persona. ¿Cómo podemos ayudar a otras personas que están sufriendo?

POSTURAS, ÁSANAS

Existen numerosas posturas de yoga ¡más de las que podría incluir en este pequeño libro! Pero aquí hay varias de las posturas básicas utilizadas en este libro. Los niños variarán mucho en cuanto a su flexibilidad y habilidad para realizarlas. Siempre observe y valore la belleza y el esfuerzo de la postura original del niño, mientras lo va guiando hacia la postura correcta. Presente los ajustes con la actitud de estar moviendo algo que ya está en proceso, al tiempo que celebramos y nos alegramos del presente y de nuestra práctica de yoga y aceptamos y amamos completamente nuestra situación actual.

Encontrará un montón de codos y rodillas híperextendidos, piernas temblorosas, etc. ¡Pero, eso está bien! Ayude a los niños a descubrir sus cuerpos. Con tiempo y práctica lograrán mejorar. Para obtener más ideas sobre otras posturas, consulte la obra clásica de B.K.S. Iygengar, *Light On Yoga.* (Iluminando el yoga.)

POSTURA DEL BARCO
Navasana

Comience sentado con las rodillas flexionadas. Extienda los brazos al frente cerca de las rodillas. Use los músculos del estómago para llevar las piernas hacia adentro y arriba. Extienda al máximo las piernas para lograr la postura completa.

Beneficios

Fortalece los abdominales. Mejora la digestión. Tonifica los riñones.

¿A qué se parece?

A un bote con remos, a la letra V, a un plato de sopa, a un tren.

Postura del barco

POSTURA DEL ÁNGULO CERRADO
Baddha Konasana

Siéntese, junte las plantas de los pies. Presione los pies con energía, luego estire las rodillas. Flexiónese hacia adelante.

Postura del ángulo cerrado

Beneficios

Ayuda al funcionamiento de los órganos abdominales inferiores. Bueno para la cadera y las articulaciones de la rodilla. Ayuda al control de la vejiga.

¿A qué se parece?

A una mariposa, a una planta, a un florero.

POSTURA DEL ARCO
Dhanurasana

Comience recostándose boca abajo. Flexione las rodillas. Lleve los hombros a la espalda y sujete los tobillos. Dirija el cóccix hacia adentro y arquee la espalda. Para variar la postura, mézase a un lado y a otro.

Beneficios

Extiende la columna y la mantiene flexible. Tonifica los órganos abdominales.

Postura del arco

¿A qué se parece?

A un arco, a un círculo, a un insecto, a un barco.

POSTURA DEL PUENTE
Setu banda sarvangasana

Comience recostado sobre la espalda. Flexione las rodillas y lleve los pies hacia los glúteos. Presione las caderas hacia arriba. Mueva los omóplatos por debajo y luego tómese las manos. No todos los niños podrán tomarse las manos. Siga acercando las caras interiores de los muslos una hacia la otra y dirija el cóccix hacia adentro.

Postura del puente

Beneficios

Abre el pecho y la espalda alta. Desarrolla los glúteos.

POSTURA DEL CAMELLO
Ustrasana

De rodillas, con los dedos de los pies arqueados o planos sobre el suelo, coloque las manos en la cadera. Extienda y levante la columna a medida que arquea la espalda. Deje caer las manos sobre los tobillos, empuje la cadera hacia adelante, dirija el cóccix hacia adentro.

Postura del camello

Beneficios

Fortalece los ligamentos y los músculos de la cara interior del muslo. Calma la mente y elimina el cansancio. Elimina la rigidez en el cuello y los hombros.

¿A qué se parece?

A un túnel, a una montaña, a estar bajando a un pozo para buscar agua, a cualquier postura que representa la apertura del corazón.

Postura del gato

Postura de la vaca

POSTURA DEL GATO / DE LA VACA

Comience en la **postura de la tabla**, inhale. Exhale y arquee la espalda como un gato. Inhale de nuevo y deje caer la espalda como una vaca.

Beneficios

Buena para la columna. Fortalece las muñecas y los brazos.

¿A qué se parece?

A un gato, a una vaca, a un vehículo en movimiento, a una carretera llena de baches, a un bombín, a las olas.

POSTURA DE LA SILLA
Utakatasana

Comience en la postura de la montaña. Levante los brazos por encima de la cabeza, flexione las rodillas, júntelas, y siéntese como si estuviera sentándose en una silla.

Beneficios

Fortalece los tobillos, las pantorrillas, los músculos de la cara interior del muslo y la espalda. Extiende los hombros.

¿A qué se parece?

A una princesa con un vestido pomposo, a una silla, a un relámpago.

Postura de la silla

POSTURA DEL NIÑO
Balasana

Haga que los niños se arrodillen y extiendan los brazos frente a ellos. También pueden mover los brazos a los costados.

Beneficios

Es una buena postura de descanso. Buena para la espalda baja.

Postura del niño

¿A qué se parece?

A una pelota, a alguien rezando, rogando, durmiendo.

POSTURA DE LA COBRA
Bhujangasana

Comience recostándose sobre el estómago, las manos atrás a la altura del esternón. Alargue los dedos de los pies y presiónelos sobre el suelo. Lleve energía a las piernas. Inhale, hombros en la espalda. Silbe como una serpiente.

Postura de la cobra

Beneficios

Buena para fortalecer la espalda y la columna. Abre el pecho.

¿A qué se parece?

A una serpiente, a una cuerda, a una morsa.

Postura del demonio

POSTURA DEL DEMONIO
Bhujapidasana

Póngase en cuclillas y coloque las manos sobre los pies. Para variar, coloque las manos sobre el suelo, encójase de hombros y oculte el corazón. Mantenga firmes los brazos y manos mientras contrae los músculos de la cara interior del musloy se levanta, balanceándose sobre las manos.

Beneficios

Fortalece las manos y muñecas. Tonifica los músculos abdominales. Desarrolla los músculos de las piernas y de los brazos.

¿A qué se parece?

Buena para personajes adversarios, demonios, dragones, criaturas tontas o de miedo, embusteros.

POSTURA DEL PERRO MIRANDO HACIA ATRÁS
Adho mukha svanasana

Comience en la **postura de la tabla**. Échese para atrás hacia los talones, luego presione la cadera y los glúteos hacia arriba y atrás. Enderece las piernas.

Beneficios

Elimina el cansancio. Fortalece los tobillos, brazos y abdominales. Fortalece y alivia la rigidez de los hombros. Buena para la digestión.

¿A qué se parece?

A un túnel, a una montaña, a una casa, a un perro desperezándose, a una V boca abajo, a un portal mágico.

Postura del perro mirando hacia atrás

POSTURA DEL ÁGUILA
Garudasana

Comience de pie en la postura de la montaña, tadasana. Entrelace la pierna izquierda sobre la pierna derecha. Extienda el brazo izquierdo, luego cruce el brazo derecho sobre él. Flexione los codos y entrelácelos entre sí y junte las manos. Suéltese y vuele como un águila. Cambie de lados.

Postura del águila

Beneficios

Fortalece los tobillos. Estira los hombros. Elimina los dolores en las pantorrillas.

¿A qué se parece?

A un pájaro volando, a fideos retorcidos.

¡Los pájaros vuelan!

POSTURA DE FLEXIÓN HACIA ADELANTE CON LAS PIERNAS EXTENDIDAS
Prasarita padottanasana

Separe las piernas, los pies y los dedos de los pies apuntando hacia adelante. Flexione el torso hacia adelante y lleve las palmas al suelo. Puede hacer "molinos de viento" con una de las manos en el piso y la otra extendida, torciéndose a nivel del ombligo.

Postura de flexión hacia adelante con las piernas extendidas

Beneficios

Fortalece los tendones y los músculos de la cara interior del muslo. Calma la mente y elimina el cansancio.

¿A qué se parece?

A un túnel, a una montaña, a alguien bajando a buscar agua en un pozo, a un molino de viento.

Molino de viento

POSTURA DEL BAILARÍN CON PLUMAS
Natarajasana

Comience parándose sobre una pierna y lleve la rodilla a las manos. Con la mano derecha sujete el dedo gordo del pie derecho. Luego arquee la espalda y dirija el cóccix hacia adentro. Presione el pie en la mano. Extienda la mano izquierda y arquéese hacia adelante, haciendo equilibrio. Cambie de lado.

Beneficios

Fortalece los músculos de las piernas. Desarrolla el porte. Estira los hombros y extiende el pecho. Beneficia la columna.

¿A qué se parece?

A un bailarín, a una tetera, a un relámpago, a un cazador, a una gacela.

Postura del bailarín con plumas

POSTURA DEL PEZ
Matsyasana

Siéntese sobre las manos, preferentemente con las palmas mirando hacia abajo. Deje las piernas extendidas. Deje caer los codos al suelo y arquee la espalda. Deslícese hacia atrás lo suficiente como para que la cabeza toque el suelo.

Beneficios

Bueno para los órganos abdominales.

¿A qué se parece?

A un pez, a una sirena durmiente.

Postura del pez

POSTURA DE FLEXIÓN HACIA ADELANTE
Uttanasana

Postura de flexión hacia adelante

Los pies separados al ancho de un puño, inclínese hacia adelante desde la cadera, tocando el suelo con las manos. Mantenga firmes los pies, tobillos, rodillas y piernas.

Beneficios

Buena para la concentración, elimina el cansancio. Buena para el estómago, el hígado, los riñones y el corazón. Extiende los ligamentos.

¿A qué se parece?
A una silla plegable, a una mantis religiosa durmiendo.

POSTURA DE LA RANA
Bekasana

Comience en la **postura de la tabla**. Estire las rodillas hacia el borde de la colchoneta y junte los talones. Inclínese hacia adelante sobre el estómago y codos. Presione los pies entre sí y extienda las rodillas.

Postura de la rana

Variación: La parte inferior de las piernas queda perpendicular a la parte superior, y los pies hacia afuera.

Beneficios

Tonifica los órganos abdominales. Flexibiliza la cadera y los muslos.

¿A qué se parece?

A una rana, a un diamante, a un pequeño pez, a una persona nadando debajo del mar profundo.

POSTURA DE LA MEDIALUNA
Ardha chandrasana

Desde la **postura del triángulo**, flexione la rodilla derecha y dé un pequeño paso con el pie izquierdo. Haga equilibrio sobre el pie derecho, extienda la pierna izquierda. Ponga la mano derecha en el suelo, la mano izquierda extendida hacia arriba. Intente mirarse la yema de los dedos.

Beneficios

Es buena para las piernas y la parte inferior de la columna. Fortalece el corazón. Desarrolla el equilibrio. Abre la pelvis.

¿A qué se parece?

A la luna, a una rueda, a un carrusel, a unas tijeras.

Postura de la medialuna

VERTICALES

¡Los niños adoran hacer la vertical! Deje bien en claro que NO se trata de una PARADA DE CABEZA. Estas poses les dan a los niños la confianza de hacer algo que por lo general no hacen y la seguridad necesaria para estar en una situación donde las cosas pueden estar al revés.

Comience con una vertical en L. No podrán estar en una L, y sus piernas estarán en alto contra una pared. Con el tiempo, sus manos, barrigas y piernas se fortalecerán.

En las verticales normales, los niños por lo general no pueden alzarse solos. Los niños de más edad tal vez puedan elevarse con una patada, o quizás necesiten ayuda. A los niños más pequeños simplemente les levanto las piernas y se las sostengo, mientras ellos se apoyan en sus manos.

Vertical

VERTICAL

Adho mukha vriksasana

Comience en la **postura de la tabla**, mirando hacia la pared. Encoja los hombros y esconda el corazón. Mantenga firmes los brazos y los hombros en la espalda, presione hacia arriba en la **postura del perro mirando hacia atrás**. Desde esta postura, dé un paso hacia adelante y patee hacia arriba con la pierna de atrás. Contraiga los músculos de la cara interior del muslo y extienda los pies en el aire.

Beneficios

Fortalece los hombros, brazos y muñecas. Expande el pecho. Tonifica los órganos.

VERTICAL EN L

Siéntese con la espalda apoyada contra la pared, las piernas totalmente extendidas. Deje que las manos lleguen hacia donde estaban los talones. Coloque las manos, póngase en la **postura de la tabla**, luego en la **postura del perro mirando hacia atrás**. Dé un paso hacia arriba con un pie contra la pared, luego presione el otro pie sobre la pared, ambos juntos.

Vertical en L.

POSTURA DEL HÉROE
Virasana y supta virasana

Comience arrodillándose en el suelo. Lleve las piernas y los pies ligeramente hacia afuera al costado de la pierna, los dedos de los pies apuntando hacia atrás; luego siéntese suavemente hasta que se sienta confortable. Active los tobillos y los dedos de los pies.

Beneficios

Elimina el cansancio. Flexibiliza los cuádriceps y muslos. Alivia los problemas estomacales. Calma la mente. Fomenta una respiración profunda y el descanso del corazón. Buena para las rodillas. Abre el pecho.

Postura del héroe

¿A qué se parece?

A alguien cansado y con ganas de tomar una siesta, a la reina de las ranas, a un pez sonriente, a un corazón.

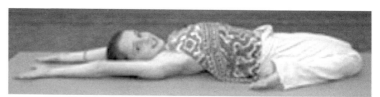

Postura del héroe que se reclina

POSTURA DEL LEÓN
Simhasana

Comience en la **postura del niño, *balasana*,** con los brazos y manos extendidos. Luego presione hacia adelante y deje que su cara haga caras feroces. Frunza la cara. ¡Ruja como un león!

Beneficios

Es buena para el habla y los tarta-mudeos. Relaja la tensión en la cara, mandíbula y cuerpo. Estimula la expresión.

¿A qué se parece?

A un león, a un extraterrestre, a monstruos, calamares gigantes, dragones, brujas.

Postura del león

POSTURA DEL LOTO
Padmasana

Sentados, levantar cada pie y cruzarlo sobre cada muslo. Intentar con ambos lados.

Beneficios

Ayuda en la relajación y calma la mente. Abre las caderas.

¿A qué se parece?

A la flor del loto, a cualquier otra flor, a un hada, a un genio meditando.

Postura del loto

POSTURA DE LA MONTAÑA
Tadasana

En posición erguida con los pies separados el ancho de un puño. Distribuya el peso del cuerpo de manera uniforme sobre los cuatro bordes externos de los pies. Los músculos de los tobillos, pantorrillas, rodillas y muslos están accionan, abrazando los huesos. Los músculos de la cara interior del muslo se dirigen hacia atrás, el cóccix hacia adentro, los hombros en la espalda, las manos apuntando hacia abajo. Sienta la energía de la tierra y los pies que sube al corazón y se extiende a través de las manos, la cabeza y los pies.

Beneficios

Alinea naturalmente todo el cuerpo. Alinea de la columna vertebral. Enseña a pararse bien. Desarrolla la concentración. Fortalece la espalda. Relaja.

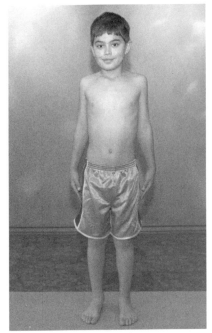

Postura de la montaña

¿A qué se parece?

A una montaña fija, a un torpedo.

POSTURA DE LA CABEZA SOBRE LA RODILLA
Janu sirsasana

Comience en posición sentada, dirija hacia adentro una rodilla flexionada y extienda la otra pierna. Tire hacia adentro con los músculos de la cara interior de los muslos y extiéndase con el pie. Inclínese hacia adelante y lleve el pecho al muslo.

Postura de la cabeza sobre la rodilla

Beneficios

Estira y fortalece los tendones. Tonifica los riñones e hígado. El corazón descansa.

¿A qué se parece?

A ramas, a una flecha.

Postura de la paloma

POSTURA DE LA PALOMA
Eka pada rajakapotasana prep.

Comience en la **postura de la tabla**. Lleve una rodilla hacia adelante y extienda la otra pierna hacia atrás. Active la pierna de atrás. Extiéndase hacia arriba. Incline el torso hacia adelante. Cambie de lado.

Beneficios

Abre las caderas. Estira las piernas. Abre el corazón.

¿A qué se parece?

A alguien arrastrándose por el suelo, a una foca, a una paloma, al patinaje sobre hielo.

POSTURA DEL CONEJO

Comience en la **postura de la tabla**. Coloque las manos en los tobillos, luego arquee la espalda y dirija la cabeza hacia abajo. Coloque suavemente el peso en la cabeza.

Beneficios

Estira la espalda, los brazos y el cuello.

Postura del conejo

¿A qué se parece?

A un conejo, a una bolita de mantequilla, a una bomba, a una semilla.

POSTURA DEL ARCO IRIS
Urdva Dhanurasana

Coloque las manos detrás de los hombros antes de empujar hacia arriba hasta la **postura del puente**. Levántese sobre la cabeza, dirija los hombros hacia la espalda, forme un arco debajo, luego presione hacia arriba con las manos hasta llegar a la postura completa.

Beneficios

Buena para hombros y espalda redondeados. Ayuda en la respiración. Mejora la energía. Abre el corazón. Fortalece los brazos, hombros y muñecas. Flexibiliza la espalda.

Postura del arco iris

¿A qué se parece?

A una rueda, un arco iris, un túnel, un portal mágico a través de una puerta invisible en la pared.

POSTURA DEL CORREDOR

Comience en la **postura de la tabla** o del perro
mirando hacia atrás y arremeta el pie derecho hacia
adelante con la rodilla en ángulo recto sobre el tobillo.
Lleve los hombros a la espalda y extiéndase con el pie
de atrás.

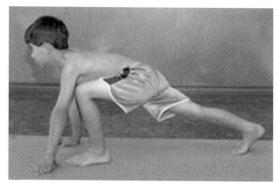

Postura del corredor

POSTURA SENTADA DE ESTIRAMIENTO DE LA ESPALDA
Paschimotanasana

*Postura sentada de estiramiento
de la espalda*

Siéntese en el suelo con las piernas extendidas. Active las
piernas y los músculos de la cara interior del muslo. Inclínese
hacia adelante y toque los dedos de los pies.

Beneficios

Tonifica los órganos abdominales, los riñones y es bueno para
la columna. Alarga los tendones.

¿A qué se parece?

A una flor lista para florecer, a un animal asustadizo.

Torsión sentada

TORSIÓN SENTADA
Ardha matsydendrasana

Comience sentado con las piernas extendidas. Flexione la
rodilla izquierda y coloque el pie por encima de la otra pierna.
Dirija el otro pie hacia el glúteo de la pierna contraria. Cruce el
codo derecho hacia la rodilla izquierda, haciendo palanca con
la espalda. Cambie de lado.

Beneficios

Estira los músculos del cuello. Tonifica los órganos internos.
Buena para hombros y columna. Libera toxinas.

¿A qué se parece?

A un pretzel, a un profesor confundido, mirando hacia un
lado y hacia el otro.

POSTURA DEL ÁNGULO LATERAL
Parsvakonasana

Comience con las piernas bien separadas sobre la colchoneta.
Gire el pie izquierdo a unos 60 grados y extienda el pie derecho.
Flexione la rodilla derecha a un ángulo de unos 90 grados, lleve
el brazo y codo hacia abajo en dirección a la rodilla derecha, o
hacia abajo a la parte externa del tobillo derecho. Extienda el
brazo derecho por encima de la cabeza, con el dedo meñique
apuntando hacia abajo. Cambie de lado.

Postura del ángulo lateral

Beneficios

Fortalece la resistencia. Buena para tonificar los tobillos, rodillas y muslos. Desarrolla el pecho y
abre los hombros.

¿A qué se parece?

A subir y bajar una colina, dirigirse a distintos lugares, a un árbol inclinado.

APERTURA DE PIERNAS
Hanumanasana

Comience en la arremetida del corredor.
Lleve lentamente la pierna delantera hacia el
frente, manteniendo la energía muscular.

Beneficios

Tonifica los músculos de las piernas.
Buena para la ciática.

Apertura de piernas

¿A qué se parece?

A una porrista, a un mono, a un correcaminos, a una bailarina.

POSTURA DE LA TABLA

Comience sobre las manos y rodillas, dedos de los pies extendidos, dedos de las manos estirados, articulaciones de las muñecas rectas. La espalda conserva su curvatura natural.

Postura de la tabla

POSTURA DEL ÁRBOL
Vrksasana

Comience en la **postura de la montaña**. Coloque el peso sobre la pierna izquierda y luego levante el pie derecho hacia el muslo izquierdo, los dedos de los pies apuntando hacia abajo. Haciendo equilibrio, levante los brazos por encima de la cabeza, las palmas juntas. Haga florecer al árbol abriendo las manos y bajando de nuevo los brazos hacia los costados. Cambie de lado.

Beneficios

Desarrolla el equilibrio y la concentración, y tonifica los músculos de las piernas.

¿A qué se parece?

A un árbol, a una nave espacial propulsada por cohetes.

Postura del árbol

POSTURA DEL TRIÁNGULO
Trikonasana

Separe las piernas sobre la colchoneta, gire el pie izquierdo hacia adentro 60 grados, y apunte el pie derecho hacia afuera. En una inhalación extienda los brazos hacia arriba a la altura de los hombros. Llene de energía muscular a piernas y brazos, luego flexione el tronco hacia la pierna derecha y lleve la mano derecha hacia la espinilla, tobillo derecho, o colchoneta. El brazo izquierdo se eleva, recto. Lleve la mirada a las yemas de los dedos. Cambie de lado.

Postura del triángulo

Beneficios

Fortalece los músculos de las piernas y tobillos. Fortalece y abre el pecho.

¿A qué se parece?

A viajar por distintos lugares, a un triángulo, a una varita mágica.

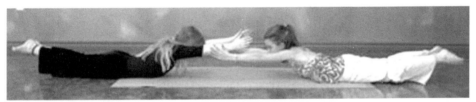

Barco mirando hacia arriba

BARCO MIRANDO HACIA ARRIBA
Urdva Navasana

Recuéstese boca abajo con los brazos extendidos hacia el frente, arquee la espalda y eleve los brazos y las piernas del suelo. Extiéndase con las manos y los pies.

Beneficios

Buena para la espalda. Tonifica los órganos abdominales.

¿A qué se parece?

A una alfombra mágica, a un pez volador, a un barco, a Súperman, a la Mujer Maravilla.

GUERRERO I
Virabhadrasana I

Separe bien las piernas. Gire el pie izquierdo hacia adentro 60 grados y el pie derecho hacia afuera 90 grados. Gire la cadera. Flexione la rodilla izquierda formando un ángulo de 90 grados. Extienda los brazos hacia arriba por encima de la cabeza. Cambie de lado.

Guerrero I

Beneficios

Abre y fortalece los hombros, la espalda y el cuello. Desarrolla una buena respiración. Fortalece la resistencia, fortifica las piernas, los tobillos y las rodillas. Estira los muslos.

¿A qué se parece?

A cualquier personaje principal o secundario, a un orgulloso guerrero, a un corredor victorioso.

GUERRERO II
Virabhadrasana II

Separe las piernas. Gire el pie izquierdo a 60 grados y el pie derecho a 90 grados. Flexione la rodilla derecha formando un ángulo de 90 grados. Extienda el brazo derecho hacia el frente y el brazo izquierdo hacia atrás. Lleve la mirada hacia las yemas de los dedos de la mano derecha. Cambie de lado.

Guerrero II

Beneficios

Abre y fortalece los hombros, la espalda y el cuello. Desarrolla una buena respiración. Fortalece la resistencia, fortifica las piernas, los tobillos y las rodillas.

¿A qué se parece?

A cualquier personaje principal o secundario, a un orgulloso guerrero, a un bailarín egipcio.

GUERRERO III
Virabhadrasana III

Guerrero III

Comience en la postura de **Guerrero I**. Dé un paso corto hacia adelante con el pie derecho de atrás. Mantenga el equilibrio sobre el pie izquierdo. Entrelace las manos, junte los índices y los pulgares y extienda los brazos y manos al frente. Levante y extienda la pierna derecha recta hacia atrás. Los brazos también pueden estar a los costados. Cambie de lado.

Beneficios

Abre y fortalece los hombros, la espalda y el cuello. Desarrolla una buena respiración. Fortalece la resistencia y el equilibrio, fortifica las piernas, los tobillos y las rodillas.

¿A qué se parece?

A cualquier personaje principal o secundario, a una flecha, a un avión, a un guerrero volador.

POSTURA SENTADA DEL ÁNGULO EXTENDIDO
Upavistha Konasana

Postura sentada del ángulo extendido

Siéntese en el suelo con las piernas rectas estiradas al frente. Abra las piernas hacia el costado, los dedos de los pies apuntando hacia arriba, si es posible, e incline el torso hacia adelante.

Beneficios

Estira los tendones y las piernas.

¿A qué se parece?

A una princesa perezosa, a una puerta hacia otro mundo.

MÁS DIVERSIÓN CON CUENTOS Y YOGA

Cómo encontrar y usar cuentos para agregarles ásanas

Lea libros de ficción juvenil y libros sobre leyendas populares, mitos y cuentos de hadas. Se pueden encontrar en la biblioteca juvenil bajo el número 398.2. Si usa un libro ilustrado, puede mostrar a los niños el libro y los dibujos después de crear el cuento con yoga.

Busque historias que ilustren un tema en particular o que tengan imágenes o acciones concretas que puedan convertirse fácilmente en posturas conocidas de yoga. Si encuentra un cuento protagonizado por una luna, un árbol, un perro, etc., estupendo, pero esto no es siempre imprescindible. Lo importante es relacionar la historia o el personaje mediante el símbolo de una postura física.

Por ejemplo, para el cuento de *Diamantes, rubíes y perlas*, posturas como la del bailarín con plumas, *natarajasana*, o la del camello, *ustrasana*, toman la forma de diamantes o perlas. En realidad, el límite lo pone su imaginación. Se sorprenderá al ver la clase de imágenes que los niños aportan a sus posturas. Los perros mirando hacia abajo se transforman en carpas y montañas. Los barcos hacia arriba se convierten en focas, alfombras mágicas, boomerangs, etc.

Las posturas de pie son una parte central de la práctica de yoga. Todas las posturas del guerrero, *virabhadrasana I, II y III*, pueden ser introducidas fácilmente al principio, dado que los cuentos siempre tienen un personaje central y un héroe. También se las puede utilizar cuando aparece otro personaje central.

Utilice la postura del triángulo, *trikonasana*, o la postura del ángulo lateral, parshvakonasana, para representar movimientos o viajes. ¡Pero, puede hacer lo que quiera! Durante un programa de seis u ocho semanas, anime a los niños a practicar inventando sus propias historias con ásanas en casa. Luego pueden mostrárselas a toda la clase. Se asombrará de su creatividad.

Recuerde preguntarles:

¿Cuál es el personaje principal, el héroe o la heroína?

¿Qué es lo que desean?

¿Qué clase de obstáculos hay en el camino?

¿Qué sucede después?

¿Qué sucede al final para resolver el problema?

Para los niños más grandes, agregue una mayor cantidad de inclinaciones hacia el frente, perros mirando hacia abajo, arremetidas hacia adelante, etc. para pasar a otras posturas. Para niños de edad preescolar, quédese con las posturas básicas y hágalo lo más sencillo posible.

Cómo inventar cuentos con ásanas

Otra manera divertida de combinar cuentos con yoga es hacer que los niños inventen sus propias historias mientras realizan la práctica de yoga. Haciéndoles las preguntas básicas mencionadas arriba, haga que los niños creen un cuento con posturas.

-¿De qué trata la historia?

-Un rey, una princesa, etc.. Agregue una postura. La postura de la silla una vez se transformó en una princesa con un pomposo vestido.

-¿Qué están haciendo? ¿Qué es lo que desean?

-La princesa está triste y cansada.

-¿Por qué?

-Porque necesita salir de su casa ya que su padre, el rey, es un pesado.

Posturas de viaje. Triángulo, postura del triángulo lateral, etc. La postura del guerrero sirve para el rey.

-¿Qué sucedió luego?

-La princesa ve una serpiente y un cuervo. Posturas de la serpiente y el cuervo *(bakasana)* (no aparecen en el libro).

-¿Qué sucedió luego?

-Le contaron al rey sobre un tesoro.

-¿Qué dificultad encontrará en su camino cuando busque el tesoro?

-Un dragón terrible. Postura del león, o hacer caras de dragón.

-¿Qué sucedió luego?

-El rey lanzó sobre el dragón polvos mágicos que le había entregado el cuervo, y el dragón se volvió su amigo y le mostró dónde estaba escondido el tesoro a través de una puerta mágica. Tesoro, postura del ángulo atado, luego, la parada de hombros con apertura de piernas se transforma en la puerta mágica.

-¿Qué había en el cofre del tesoro? ¡Toda clase de respuestas!

-¿Cómo termina la historia?

-La princesa es rica y ya no tiene que regresar con su padre. Abre su propia heladería con el dragón. Terminar con cualquier postura, llevando las manos al corazón, *anjali mudra*.

¿Cuál es esa postura?

Esta es una excelente manera de presentar más posturas y también de hacer volar la imaginación de los niños.

Haga una postura y deje que los niños utilicen su imaginación para decidir qué podría ser: gente, objetos, lugares, etc. Invente un cuento con esas posturas.

Cuentos para entrar en calor

Muestre dos o tres posturas diferentes adecuadas para entrar en calor. Elija a un niño para que invente un cuento con esas posturas y haga que el niño le enseñe a la clase un precalentamiento con él.

¡Inventen sus propias consignas, precalentamientos y canciones!

Agregar

Haga que los niños agreguen y mencionen posturas a medida que les cuenta un cuento.

Nombrar esa postura

Haga que los niños digan el nombre de la postura en español o sánscrito.

Cuento de hadas *savasana* – escuela primaria

Durante una serie de savasana, los niños crean un cuento de hadas. Una vez que el cuento está terminado, los niños agregan posturas a la historia y le enseñan el cuento y yoga a la clase.

Después de cada segmento de savasana, haga que los niños hablen sobre sus segmentos de la historia. Aliente a los niños a observar sus sueños en la noche y a escribirlos durante este ejercicio.

1) Estás en tu lugar seguro. Imagina tu lugar seguro. (véase el ejercicio de lugar seguro). Algo anda mal en los alrededores de la ciudad en donde vives. Alguien se ha llevado algo y esto ha afectado a la ciudad y a su gente. ¿Qué fue lo que se llevaron? ¿Quién se lo llevó, y por qué? ¿Qué efecto produce esto en la gente? ¿Y en ti?

2) Alguien se acerca y te dice que debes hacer un viaje para recuperar lo que se han llevado. ¿Quién es esa persona? ¿Dónde debes ir? Sales al camino. ¿Cuál es ese camino? ¿A dónde te diriges?

3) Te encuentras con un animal. ¿Qué clase de animal es? El animal te lleva hasta una cueva especial. Entras en la cueva y ves diamantes en el suelo guiándote hacia el interior de la cueva. Te sientas en el suelo donde terminan los diamantes. Algo sucede en la cueva. ¿Qué es? ¿Hay una persona? ¿Un evento? Cuando el evento finaliza o la persona termina lo que está haciendo, quedan tres objetos mágicos para que tú guardes. ¿Cuáles son esos objetos mágicos?

4) Continúas el viaje junto a tu amigo animal para recuperar eso que se han llevado. Sin embargo, una dificultad en el camino te impide continuar. ¿Qué es lo que hay en el camino? ¿Es un lago en llamas? ¿Un muro de ladrillos de 100 millas de ancho y 100 de alto? ¿Se trata de diez mil monos hambrientos dispuestos a atacarte? Utiliza uno de tus objetos mágicos para resolver el problema. Continúas el viaje y vuelves a encontrarte con un obstáculo. ¿Qué es? Utiliza el segundo objeto mágico para resolver el problema y continuar tu camino. Aparece un tercer problema. ¿Cuál es? Utiliza el tercer objeto mágico para resolver el problema y continúa tu camino.

5) Tu especial amigo animal ya no puede seguir acompañándote. ¿Dónde está yendo? ¿Por qué no puede ir más lejos? Pero el animal te entrega un poderoso obsequio. Puede volverte invisible, extremadamente fuerte, con poderes mentales, etc. ¿Cuál es ese regalo mágico y poderoso que te obsequia el animal?

6) Continúa en tu viaje hacia el lugar donde necesitas recuperar aquello que se han llevado. Debes recuperarlo. ¿A quién encuentras, y qué es lo que haces para recuperar el objeto robado?

7) Vuelves a tu hogar para restituir a la ciudad aquello que se habían llevado. ¿Cómo se siente el haberlo restituido? ¿Cómo reacciona la ciudad? ¿Qué hay de diferente?

8) Te diriges a un lugar especial. ¿Qué hay en ese lugar y dónde queda? Te encuentras con alguien allí. ¿Con quién? Planeas quedarte allí un tiempo para aprender algo. ¿Cuánto tiempo te quedas? ¿Qué es lo que aprendes? ¿Qué harás con lo que aprendiste y con la persona con quien estás?

Haga que los niños escriban y relaten sus propios cuentos, agregue posturas de yoga, luego enseñe a la clase la historia y el yoga.

Cómo usar cuentos para enseñar temas de yoga

Los cuentos pueden utilizarse en las clases de yoga no sólo para que se los interprete a través de las posturas, sino también para enriquecer la práctica en sí misma. Para ello, pueden utilizarse para establecer el tema.

Haga referencia al tema en diferentes momentos durante toda la clase para que los niños lo contemplen. Pregunte periódicamente a los niños cómo están y qué sienten.

Por ejemplo, la historia *El ciego y el elefante*, de *Cuentos de sabiduría de todo el mundo* (Wisdom Tales from Around the World), de Heather Forest, puede utilizarse para enseñar sobre las diferencias de percepción y opiniones, o sobre cómo confiar en nuestros instintos. Durante las posturas, haga que un niño, al respirar, diga las palabras "Confío en mi sabiduría interior. Confío en mí mismo". Los niños pueden hablar sobre algún momento en que su opinión haya sido diferente a la de otras personas. ¿Cómo solucionaron la discusión?

Utilice el juego de los ojos vendados para que busquen a otras personas y demuestren su confianza interior. Luego pregúnteles cómo se sintieron.

Para temas relacionados con el dejarse llevar, la entrega y la confianza: *La historia de la arena*, de *Cuentos de los Derviches* (Tales of the Derviches), de Idries Shah, trata sobre el dejarse llevar, no tener miedo y confiar en nuestro yo superior. Los niños pueden contemplar el dejarse llevar durante la práctica de yoga, y no tratar de ser perfectos. ¿Cómo puedes hacer para dejarte llevar en tu vida de todos los días? ¿Estás bajo presión para realizar algo o competir? Utilice afirmaciones para decir: –Encuentro la paz. Me dejo llevar. Estoy bien.

Nasrudin es el sufí tonto y embustero. Sus historias son divertidas y a los niños les encantan. Un tema puede ser que nosotros hacemos yoga para divertirnos. No tenemos que ser perfectos, o exigentes con nosotros mismos si nos caemos mientras practicamos el yoga ¡porque eso forma parte de la diversión! Hacemos nuestro propio yoga y nos respetamos a nosotros mismos.

Para poner énfasis en la verdad *(satya)*, honestidad y confianza en uno mismo, *El tiesto vacío* (The Empty Pot), de Demi, es una historia maravillosa.

Para tocar el tema de no juzgar al otro, resulta muy útil el cuento *La flor del cerezo*, en *Cuentos Zen para todas las edades* (Zen Stories for all Ages), de Martin Rafe. Aprendemos a no juzgarnos a nosotros mismos cuando suceden cosas difíciles a otros o a nosotros, y a no juzgarnos a nosotros mismos cuando hacemos yoga. Tratamos a los demás y a nosotros mismos con amabilidad y compasión. Durante la clase, si un niño se cae y hace algo tonto, recuérdele la historia, y explíquele cómo ésta se relaciona con el momento presente. ¡Nunca sabemos en qué terminarán las cosas!

Después de la clase, reúna a los niños y cuénteles más historias relacionadas, nárreles cuentos para llenar el tiempo o para extender la clase. Incluya cuentos de sabiduría de distintas religiones para compararlos y contrastar ideas, como así también para desarrollar la tolerancia de los niños frente a los demás. Los niños pueden hacer dibujos sobre las historias que escucharon, o inventar más cuentos.

Sugerencias adicionales e ideas para la enseñanza de yoga.

Después de un ciclo con los cuentos incluidos en este libro, es interesante repetirlos. Los niños adoran escuchar los mismos cuentos una y otra vez. Es a través de la repetición que los niños pueden internalizar la historia, su estructura y significado. Los niños a menudo estarán emocionados de volver a escuchar el cuento y dirán "¡Oh, ése es mi favorito!" A través de la repetición el niño puede volver a contar la historia.

A medida que los niños van progresando en yoga, si tiene más tiempo o si está trabajando con niños más grandes, introduzca más posturas. Recuerde, los niños tienen mucha flexibilidad, y a medida que continúan fortaleciendo sus cuerpos con el yoga, podrán realizar posturas avanzadas.

Incluya una o más nuevas posturas en cada clase. Pregunte a los niños a qué clase de gente, objetos o animales les recuerdan esas posturas. Hágalos realizar posturas en sus hogares, a modo de "diversión casera" para practicar.

Tómese tiempo para ajustar las posturas de los niños, poniendo énfasis en la correcta alineación de pies, rodillas y tobillos, etc.

Agregue variaciones a los saludos al sol, tales como guerreros o torsiones adicionales.

Haga que los niños hagan su postura favorita.

Hágalos elegir una postura del cuento, e interpretarla.

Pídales que lleven un diario con sus sueños. ¿Qué clase de sueños aparecen? ¡Invente historias utilizando sus sueños!

Niños haciendo su postura de yoga favorita.

JUEGOS

Trompo de barriga

Sobre un suelo suave, balancear ambas piernas hacia la derecha. Luego utilizar los músculos de la barriga para balancear las piernas hacia la izquierda y ganar impulso. Repetir algunas veces hasta tener suficiente impulso como para utilizar los músculos de la barriga para llevar las piernas al pecho y girar.

Juego de la barriga

Haga que los niños coloquen sus cabezas sobre la barriga de otro niño, formando una fila torcida. Haga que todos se rían. La sensación de las cabezas sobre las barrigas y de las barrigas sobre las cabezas los divertirá y se reirán aún más, lo que causará una reacción en cadena. ¡Estamos todos conectados!

Juego del átomo

Haga que los niños den vueltas en diferentes direcciones. Grite un número entre el uno y el cuatro (según el tamaño del grupo). Se deberá formar un grupo con esa cantidad de niños. Continúe gritando diferentes números y hágalos dar vueltas. Este juego sirve incluso para grupos pequeños de aproximadamente unos cinco niños. Los niños pequeños adoran contar y juntarse en lugar de preocuparse por números exactos.

Variación: haga que los niños se conecten con los codos, rodillas, pies, etc.

Juego de pelota y canto shanti

Shanti significa paz.

Shanti, shanti, en mí y en ti.
Paz, paz en todo lo que hagamos.

Lance una pelota a un niño. Pídale que diga algo bueno sobre sí mismo, algo que le guste hacer, un talento, un rasgo de su personalidad. Los niños pequeños pueden hablar sobre cosas que les gusta hacer o sobre su juguete favorito. Hágale pasar la pelota a otro niño y repita el juego.

Variación: Nombre alguna parte del cuerpo, codo, mentón, rodilla, trasero, etc., que el niño deberá utilizar para pasarle la pelota al siguiente niño.

Juego del equilibro

Ponga música y haga bailar a los niños. Pare la música. Los niños deben detenerse cuando termina cada canción y hacer equilibrio en un pie y en la posición en la que hayan quedado.

Juego de los ojos vendados

Vende los ojos a un niño y pídale que busque a sus amigos en un círculo tratando de adivinar a quién está tocando. Los niños mayores pueden nombrar a los más pequeños para ayudar en su búsqueda. Este juego desarrolla la conciencia sensorial interior y es excelente para usar con el cuento *Los hombres ciegos y el elefante*.

Juego del globo

Suelte un globo inflado en la habitación. Los niños deberán golpearlo utilizando sólo una parte del cuerpo, por ejemplo la cabeza, los codos, la rodilla o el mentón.

Juego del hula-hoop

Haga que los niños se tomen de las manos formando un círculo. Los niños deberán pasar su cuerpo a través del hula-hoop sin soltarse las manos. El hula-hoop se pasa a lo largo de la fila.

Para los niños más avanzados o mayores, inténtelo con una cuerda o cinta gruesa.

Carreras

Carrera de cangrejos. Carrera de pingüinos, caminando sobre las rodillas, sujetándose los tobillos. Carrera de monos, escabulléndose por el suelo como monitos. Carrera de carretillas.

Danza

¡Ponga una música divertida y haga que bailen por toda la habitación! Los niños adoran expresarse con el cuerpo.

Danza de la sombra

Ponga música interesante, por ejemplo música de flauta japonesa. En una habitación oscura, encienda una linterna contra la pared. Haga que los niños inventen un cuento con el movimiento de su cuerpo y las sombras que crean sobre la pared.

Mirada fija

Forme parejas. Haga que se miren a los ojos. Se reirán, pero pídales que traten de ir más allá de la risa. Haga que observen profundamente en los ojos del otro y vean si pueden verse reflejados en ellos. Entonces pida a uno de los niños que coloque su mano en el hombro del otro niño para poder sentir una conexión con él. Luego haga que se tiren de las orejas con suavidad. Intercambie las parejas. Hágalos hablar acerca de lo que esto les pareció.

Juego de memorización

Pida a los niños que elijan a un compañero y lo observen muy detenidamente, viendo cada detalle de lo que lleva puesto, el color de sus ojos, etc. Luego, el niño debe cerrar los ojos y recordar al compañero. Intercambie las parejas.

Juego de manos y mantra

Usando juegos de manos clásicos, entone mantras con la tonada de *Vamos a pasear en un botecito (row, row, row your boat)*, o *Aquí vamos alrededor del arbusto de Mulberry (here we go around the Mulberry bush)*. Utilice mantras como por ejemplo *Om nama shivaya*. Puede elegir cualquier mantra, sea religioso, o no.

Los niños se juntan en parejas, frente a frente. Uno se queda quieto mientras el otro da una palmada, o ambos niños pueden mover las manos simultáneamente. Dan una palmada, la mano derecha de uno cruza hasta la del otro niño. Dan de nuevo una palmada. La mano izquierda de uno cruza hasta la del otro niño. Dan de nuevo una palmada, dos veces, golpean el dorso de las manos con el dorso de las manos del otro, voltean las manos y se dan palmadas con ambas manos contra las palmas del otro. Repetir.

Cantar mantras

Cante *Hare Krsna, Hare Krsna, Krsna Krsna, Hare Hare, Hare Rama, Hare Rama, Rama Rama, Hare Hare* al ritmo de canciones de cuna simples como *Vamos a pasear en un botecito (Row, row, row your boat)*. Puede elegir cualquier mantra, sea religioso o no.

O

Jesús me ama, eso lo sé porque la Biblia me lo dice.
Sí, Jesús me ama. Sí, Jesús me ama.

MEDITACIÓN

La meditación es el paso anterior al *samadhi*, o la autorrealización. Después de desarrollar la fortaleza moral, el cuerpo y la respiración de los niños y de desarrollar su concentración, ellos se acercan a la meta del yoga, a la unión con lo divino. Es la autoconciencia de que sí, soy divino aquí en esta tierra y en este cuerpo.

Yo enseño a los niños a encontrar ese centro dentro de nosotros mismos con el yoga y la meditación. Les enseño que somos como una rueda, con un centro. Nos movemos desde el centro y nuestro trabajo se vuelve natural y hermoso. No hay estrés, miedo ni duda. Nuestros deseos, o kama, pueden cumplirse. El resultado es que no importa qué nos propongamos, sea un trabajo escolar, un deporte, arte, música o cualquier otro deseo, lo haremos con excelencia y felicidad.

Canto de la conciencia interior

Con mi tercer ojo hacia mi interior puedo verme con claridad
Con la mirada bien hacia afuera envío mi amor a todos los demás
Om Amen

Meditación de la observación de las manos

Comenzar en la postura de rezo, *anjali mudra*, con las manos alejadas del pecho. Lentamente, dejar que las puntas de los dedos se vayan replegando sobre la palma. Arquear las manos hacia abajo, a medida que el dorso de las manos y los dedos se tocan entre sí. Observe cómo las manos quedan totalmente al revés, hasta las muñecas.

Los niños deberán hacer esto lo más lentamente posible. Pídales que observen sus manos. Los niños en edad preescolar simplemente deben abrir y cerrar las manos como una flor, comenzando por los dedos hasta las muñecas.

Meditación de la respiración de la ola

Con los ojos cerrados, imagine inhalar como si fuera una ola dirigiéndose al mar. Al exhalar, sea como una ola, respirando hasta la orilla. Inhale nuevamente y forme una hermosa y enérgica ola y luego otra vez acaricie la orilla. Repítalo varias veces.

Meditación de la ola

Haga que los niños abran los ojos. Hágalos mirar a su derecha y observar todo lo que los rodea, siempre conscientes del movimiento de la respiración hacia adentro y hacia afuera. Diga en voz alta: adentro, afuera, como una ola, durante unos minutos mientras ellos simplemente observan. Si están pensando en la escuela, o en sus juguetes, o en algo que no sea el mundo real que tienen frente a ellos, recuérdeles que vuelvan a prestar atención a la respiración y a observar los objetos de la habitación.

Meditación contando

Haga que los niños cuenten usando la respiración. Inhalar uno, exhalar dos, inhalar tres, exhalar cuatro, y así sucesivamente. Si se olvidan de contar, hágalos comenzar de nuevo en uno. Para niños en edad preescolar, cuente inhalar uno, exhalar dos, inhalar uno, exhalar dos.

Meditación de la expansión

Haga sentar cómodamente a los niños. Dígales que imaginen que están rodeados de una hermosa luz blanca. La luz es muy pacífica, segura, feliz y cariñosa. Cada vez que inhalan, se llenan de esa luz blanca. Cada vez que exhalan, la luz blanca se expande más lejos. Se expande hasta llegar a los demás niños. Cuando ellos inhalan, todo ese amor y luz regresa a ellos. Imaginen que la luz blanca los está tocando y abrazando, pacíficamente, con amor y bondad. Al exhalar, continúa expandiéndose por la habitación, luego sale a la calle, se expande por toda la ciudad, luego por todo el estado y el país, luego por el mundo, por todo el universo, y más y más lejos, hasta otras galaxias. Luego regrésenla a su corazón. Se sientan en silencio.

Meditación de la caminata

Comience con la mano izquierda formando un puño, descansando, con la mano derecha rodeándola. Con los niños mirando hacia abajo, hágales dar vueltas en círculo por la habitación, lentamente, durante tres minutos. Pídales que exageren la lentitud de sus movimientos, de los talones golpeando el suelo, y luego de la parte anterior de la planta del pie pisando, moviéndose hacia los dedos, apretando con el dedo gordo del pie, levantando el pie para dar un paso, y así sucesivamente. Hágalos permanecer en silencio y caminar lo más despacio que puedan. Si se agrupan, dígales que está bien que caminen al lado de otro niño.

Dígales que éste es su propio yoga. Recuérdeles respirar. Puede que vea que algunos de los niños dejan vagar sus pensamientos. Recuérdeles que hagan regresar sus mentes brillantes y las coloquen en su cuerpo y su respiración. Recuérdeles dirigir la mirada a sus pies y sentir su cuerpo y respiración.

Dígales que el yoga y la meditación no son simplemente un momento silencioso o ejercicios en la colchoneta. ¡El yoga está presente en todo momento! Cuando están en la escuela, mientras cepillan sus dientes, al hacer las tareas, cuando están con su familia, paseando en automóvil. Es la conciencia de ellos mismos y del momento presente y de su hermosa vida. ¡Es un llamado a despertar! ¡Estoy respirando! ¡Cuando respiro, estoy vivo! ¡Estar vivo es maravilloso! ¡Es maravilloso ser yo!

Variación para niños preescolares y de más edad: Haga que los niños caminen lentamente. Hábleles acerca de moverse lentamente. Recuérdeles respirar. Pídales que dirijan la mirada a sus propios pies en lugar de mirar los de un vecino. Luego toque una campana y haga que los niños corran por la habitación. Si no hay suficiente espacio, hágalos saltar en el lugar. Luego vuelva a tocar la campana, y hágalos ir despacio. Toque de nuevo la campana. ¡Rápido! Y así sucesivamente.

Meditación del movimiento de brazos

Los niños están de pie con los brazos extendidos al frente. Hágalos girar suavemente los brazos hacia la derecha. Dígales que ahí hay una hermosa y suave cortina de terciopelo a la que van a tocar y sentir de verdad. Luego, tan lentamente como les sea posible, manteniendo los brazos y las manos levantadas, deben volver a llevar brazos y manos al centro. Luego continúan hacia el lado izquierdo, de nuevo poniendo el énfasis en que el movimiento sea suave y continuo. Recuerde a los niños que respiren. Recuérdales que deben sentir la cortina y que deben moverse muy lentamente.

Meditación de la vela

Encienda una pequeña vela en la habitación. Haga que los niños la observen y se concentren en ella. Recuérdeles que respiren.

Si los niños son más grandes, pídales que contemplen lo siguiente: ¿De qué está hecha la vela? ¿De dónde proviene la llama? La vela está hecha de cera. ¿De dónde proviene la cera? De las abejas. ¿Qué hacen las abejas? ¿Cómo fabrican la cera? Continúe con la mecha, etc. ¿Cómo hizo la mecha para llegar a estar adentro de la vela? Siempre regresar la mente a la vela.

Meditación de la campana

Elija a uno de los niños para hacer sonar la campana. Puede utilizar esto como una recompensa para los niños que se concentraron y participaron sin interrupción durante la clase. El niño debe ser paciente y esperar hasta que el sonido de la campana haya desaparecido por completo antes de hacerla sonar otra vez. Enséñeles a los otros niños a escuchar completa y enteramente el sonido de la campana.

Meditación de escuchar

Los niños están quietos, sentados con las manos en el regazo y los ojos cerrados. Hágalos escuchar con atención durante un minuto todos los sonidos a su alrededor. Después de un minuto, pídales que compartan lo que han escuchado.

Meditación de las manos y la canción –
ver apéndice que incluye la letra y música

Mano derecha: Inhalar, luego llevar el dedo pulgar al dedo índice y exhalar. Inhalar, separar los dedos nuevamente. Exhalar, llevar el dedo pulgar al dedo medio. Inhalar, separar los dedos. Exhalar, llevar el dedo pulgar al dedo anular. Inhalar, separar los dedos. Exhalar, dedo pulgar al meñique. Inhalar, luego exhalar y descansar la mano en el regazo, repetir con la otra mano.

Es posible que los niños en edad preescolar no puedan tocarse los dedos y cantar al mismo tiempo. Pueden elegir cantar o abrir y cerrar las manos.

Meditación de la conciencia

Haga sentar a los niños con las piernas cruzadas. Con los ojos cerrados y las manos en el regazo, pídales que se den cuenta y sientan el aire que entra y sale de su nariz. Pídales que sientan sus nalgas apoyadas sobre el suelo, el aire sobre la piel, la sensación de la ropa sobre la piel, sus manos en el regazo. Hágalos tener conciencia de su cabeza, ojos, nariz y boca.

Meditación de la bondad

Los niños pueden estar con los ojos abiertos o cerrados. Repita en voz alta:

Que sea yo feliz. Que esté en paz. Que esté bien. Que viva en mi corazón. Que florezca mi corazón.

Que seas feliz. Que estés en paz. Que estés bien. Que vivas en tu corazón. Que florezca tu corazón.

Que seamos felices. Que estemos en paz. Que estemos bien. Que vivamos en nuestros corazones. Que nuestros corazones florezcan.

RELAJACIÓN CREATIVA PARA NIÑOS

La relajación, o *savasana*, puede ser uno de los aspectos más importantes del yoga para niños – especialmente para los niños de hoy, bombardeados como están todo el día con el sonido y las imágenes publicitarias.

Además, puede que el *savasana* sea el único momento de relajación que los niños tengan en todo el día.

Haga que los niños se recuesten de espalda, con los brazos algo separados del cuerpo, las palmas hacia arriba. Las piernas deben estar ligeramente separadas. Las bolsitas para cubrir los ojos ayudan a eliminar distracciones. También puede cubrirlos con una manta para mantenerlos abrigados. Muchos niños podrán quedarse quietos, otros no podrán dejar de moverse. Con el tiempo, la mayoría de los niños podrán lograr entrar en la rutina de la relajación.

Haga que los niños comiencen por concentrarse en su respiración. Utilice una voz suave, calma y lenta, y ponga énfasis en la inhalación y exhalación del aire. A los niños más grandes, enséñeles a explorar los espacios de la respiración: el silencio, el vacío y la tranquilidad.

Explíqueles que nuestros cuerpos son como baterías. Cuando descansamos, estamos recargando el cuerpo de energía para poder salir al mundo y hacer más cosas maravillosas.

Enséñeles que si su mente se dispersa, vean si son capaces de atraparla y ponerle un cartel de "pensando" y devolverla a la respiración. Dígales que comiencen de nuevo y que está bien si su mente se dispersa. También haga que traten de buscar el espacio que existe entre los pensamientos. Haga que lo intenten y presencien ese espacio.

Ante todo, ponga énfasis en la inhalación y la exhalación, en que con cada exhalación el cuerpo se hunde en la tierra y se relaja, se deja llevar. No hay problemas, no hay nada para hacer, nada que lograr, ningún lugar adonde ir. Use la inhalación y la exhalación, el dejarse llevar, y así sucesivamente a lo largo de todas estas meditaciones. Siempre recuérdeles a los niños que regresen a sus cuerpos, a su respiración.

Puede sugerirles a los niños que son especialmente movedizos que coloquen las manos sobre el estómago y/o el corazón y sientan la respiración. Yo les recuerdo a los niños que si se están moviendo de aquí para allá, es porque su monito se está descontrolando. También puede recompensar a los niños por haberse quedado quietos dándoles el honor de hacer sonar la campana cuando sea el momento de levantarse.

La prueba de la flojedad

Una vez que los niños estén recostados, dígales que hará la "Prueba de la flojedad" para ver si están realmente relajados. Elija a un niño, tome su brazo y déjelo caer para comprobar si realmente está relajado. Si hay tensión o energía muscular, dígale: –¡Ponte flojo! ¡Déjate ir! Si el niño está relajado diga: –¡Aquí tenemos a un yogui relajado y flojito! Luego siga con algunos niños más.

Para niños en edad preescolar y más grandes

Respiración de la paz y la felicidad

1) Mientras permanecen en *savasana*, inhalar "sí" a mi vida. Exhalar "amor" o "paz".

2) Inhalar "feliz". Exhalar "alegría".

Relajación

Haga que los niños aprieten el puño de la mano derecha. ¡Bien fuerte! Luego que lo aflojen. Dejar que se relaje. Ahora que aprieten todo el brazo y el puño, y luego aflojen.

Continúe por todas las partes del cuerpo, el pecho, hasta las piernas, luego la otra pierna, pie, el otro brazo y mano, luego la cabeza, apretando cada parte bien fuerte cada vez, con toda sus fuerza, luego aflojando. Finalmente, hágalos apretar todo el cuerpo, ¡bien apretado! Luego aflojar. Relajar. Luego a hundirse en el suelo.

Pluma

Dígales a los niños: -Hay un hermoso pájaro sentado en una rama. El pájaro abre sus coloridas alas y vuela hacia arriba, flotando con calma en el cielo, libre y feliz. Se le suelta una pluma. Tú eres esa pluma. Sé la pluma, mientras ésta, lenta, muy lentamente, se mece de un lado a otro en el aire, flotando hacia abajo en dirección a la tierra. Vas de un lado a otro, flotando, flotando. Luego te recuestas en la tierra, liviana, feliz, relajada.

Nube

Dígales a los niños: -Imagina qué estás descansando sobre una nube. La nube es suave y esponjosa, sedosa y liviana. Siente esa nube debajo de ti. Es como una pequeña cama. La nube está flotando en el cielo, alejándose. No hay preocupaciones, nada para hacer. La nube flota suavemente en el cielo, contigo sobre ella.

Cielo enorme

Dígales a los niños: -Estás descansando en una hermosa pradera con flores preciosas a tu alrededor. Miras al cielo y ves pequeños pájaros que pasan volando y cantando. El cielo es enorme y de un hermoso color azul. No hay ni una sola nube. Hay un punto negro en ese enorme cielo. Tan sólo observa ese punto negro en el enorme cielo azul.

Arena

Dígales a los niños: -Imagina que estás tendido en una playa. El hermoso cielo y el sol están sobre ti. Imagina que la arena está llenando tus pies. Tus pies están muy pesados, repletos de esa arena. Están tan pesados que no se pueden mover. Están relajados y se hunden en la tierra. Luego la arena se mueve hasta tus pantorrillas y se mete adentro de ellas. Están pesadas, y se hunden en la tierra. Te sientes pesado y relajado. Te dejas llevar. Inhalando y exhalando. Luego la arena sube hasta tus rodillas, hasta los muslos, y se mete adentro. Estás tan pesado con la arena que no puedes mover las piernas. Luego la arena sube hasta el pecho, y sube hasta tu cuello. La arena te está llenando. Te hundes en la tierra. Relajado, tranquilo. Luego la arena se mueve hasta tus brazos, baja hasta tus dedos. Te dejas llevar y te hundes en la tierra. La arena sube hasta tu rostro, relajas tu boca, tus ojos, tus mejillas, tu cuero cabelludo. Todos se llenan de arena, y se hunden en la tierra. Te relajas y te sientes muy pesado. Todo tu cuerpo se hunde la tierra. Te sientes en tranquilo y en paz. Inhalas y exhalas.

Sol

Dígales a los niños: -Imagina que estás tendido en una playa. Respira en tu corazón e imagina que dentro de él hay un hermoso sol. El sol es muy cálido y da calor a todo tu cuerpo. Luego exhala y el sol se mueve encima tuyo. El sol brilla sobre ti, y sientes su maravilloso y dorado calor. Los rayos del sol tocan los dedos de tus pies, y tus pies absorben la luz del sol y se sienten tan pesados y cálidos, que se hunden en la arena. Te hundes, te hundes en la arena. Feliz, seguro, tranquilo, relajado.

El sol sube hasta tus pantorrillas, tus piernas, y éstas absorben el dorado sol, y se vuelven pesadas y se hunden en la tierra. El sol sube hasta tus caderas, estómago, pecho, y absorben el sol y se sienten cálidos y pesados. Se hunden en la tierra. El sol sube hasta tu cuello, baja por tus brazos, codos y dedos. Están pesados, llenos de luz dorada, calidez y felicidad. Te hundes en la tierra. Te dejas llevar. El sol sube hasta tu cabeza, relaja tus labios, tu mandíbula, tus mejillas, tus ojos, tu frente, tu cuero cabelludo. Se siente tan cálido, dorado, feliz. Te hundes en la tierra. Todo tu cuerpo se llena de esa dorada, hermosa y radiante luz del sol. Respiras el sol en tu corazón. Y estás relajado, dorado, pesado, feliz.

Imagina a alguien a quien amas. Alguien que te hace muy feliz. Sonríele. Luego imagina a alguien a quien no quieres, alguien que te trae problemas. Sonríele. Luego mírate a ti mismo. Sonríete a ti mismo. Después ve algo de ti que no te guste. Algo con lo que no te sientas bien. Sonríele a eso. Sonríete a ti mismo. Luego toma la mano de la persona a la que amas mucho, y a la persona que te trae problemas, y los tres juntos se dirigen al lugar al que más deseas ir en el mundo. ¿Dónde está ese lugar? ¿Qué haces? ¿Qué cosas están sucediendo? ¿Qué paisajes, sonidos y aromas hay?

Estanque

Dígales a los niños: -Imagina un estanque de agua fría. Arrójale una piedra. Observa la piedra hundirse hasta el fondo del estanque. Siente tu cuerpo, pesado como una piedra, hundiéndose, abajo, abajo, más abajo. Relajado. Feliz. Tranquilo. Mira las ondas del estanque. Obsérvalas llegar hasta la orilla. Luego observa como las ondas desaparecen, una por una. Hasta que ya no quedan más ondas. Sólo mira el estanque, claro, inmóvil. Míralo todo con los ojos de tu mente.

Corazón de flores

Dígales a los niños: -Imagina una flor en tu corazón. ¿Qué clase de flor es? Observa su color, belleza y aroma. Ahora observa que se encuentra en un pequeño y hermoso capullo. Cada vez que respiras imagina que la flor se está abriendo, pétalo a pétalo. Cada vez que respiras te sientes completo, contenido y seguro. Con cada exhalación te dejas llevar y sientes que tu cuerpo se cae dentro de la tierra, como si la flor tuviera raíces que se meten en la profundidad de la tierra. Déjate caer como una piedra arrojada al estanque. Baja, baja. Luego vuelve a respirar en tu corazón, abre los pétalos un poco más, y de nuevo exhala las raíces más profundo dentro de la tierra. Repítelo hasta que hayas abierto todos los pétalos y la flor esté floreciendo. Observa dentro de la flor. ¿Qué ves? ¿Qué hay en el centro de la flor? Luego obsérvate a ti mismo en esa flor. Feliz, sonriendo, a salvo, seguro.

Soñando

Dígales a los niños: -Inhala y exhala. Inhala con calma. Exhala tranquilo. Inhala feliz. Exhala amor. Inhala en paz. Exhala felicidad.

Aspira en paz. Exhala felicidad.

Vete a ti mismo haciendo algo que siempre has querido hacer. Algo que sabes hacer bien. O algo que quieras ser cuando seas grande. ¿Qué es? Podría ser algo que estás por hacer en el futuro, o algo que está por suceder. ¿Qué sueño de ti mismo estás trayendo al mundo? ¿Cuál es tu pasión? Vete a ti mismo participando, haciéndolo con maestría. Siente lo feliz que eres haciendo eso que amas hacer y haciéndolo maravillosamente.

Expandiéndote

Dígales a los niños: -Cierra los ojos. Observa tu corazón con tu ojo interior. Siente tu inhalación y tu exhalación. Luego vete a ti mismo en tu corazón y di: "Me amo. Confío en mí. Doy con amor, y con amor recibo". Luego ve a alguien que amas. Envíales tu amor. Siente que ellos te devuelven amor. Luego inhala el amor que sientes, luego exhala y envía el amor a la habitación, más allá de tu cuerpo a todas las personas a tu alrededor. Inhala y siente cómo ellos devuelven tu amor. Ese amor que recibes es tan grande como el amor que tú enviaste. Al exhalar, expándete hacia toda la escuela. Al inhalar, siente el amor regresando hacia a ti, el amor de toda la escuela regresando a ti. Dite a ti mismo: -Soy amado. Exhala de nuevo y expándelo hacia toda la ciudad, hacia todo el estado, el país, la tierra y todo el universo hasta el infinito. Cuando inhalas, el infinito regresa a ti en forma de amor. Tú eres el infinito. Dite a ti mismo: -Soy amado. Yo soy amor. Yo soy paz. Yo soy paz.

Para la escuela primaria

La cueva de los diamantes

Dígales a los niños: -Imagina que estás descalzo, caminando por el bosque. Siente el blando, verde suelo del bosque bajo tus pies. Mira hacia arriba y observa el sol colándose a través de las copas de los árboles. Ves a un animal. ¿Qué clase de animal es? Obsérvalo alejarse y mostrarte un pequeño sendero. Te sientes a salvo y feliz, y sigues al animal por el sendero. Llegas a una cueva. La cueva está iluminada por pequeños diamantes en el camino. Sigue al animal dentro de la cueva, sintiéndote seguro y feliz mientras sigues a los diamantes que iluminan el camino. Los diamantes se acaban, y te encuentras en el centro de la cueva. Entonces se abre una pequeña ventana desde arriba y te ves bañado por una bella luz. Te baña de amor, seguridad y felicidad. Pide un deseo. Lo que quieras, lo que más desees en el mundo o aquello que quieras hacer. Di gracias, y luego libéralo, sabiendo que tu deseo ha sido escuchado. Luego relájate. Descansa. Sal de la cueva, desanda el sendero. Ahora tiéndete sobre una hermosa pradera y descansa.

Sol y girasoles

Dígales a los niños: -Imagina sembrar una semilla en la parte inferior de tu columna vertebral. Riega la semilla con tu respiración. Cada vez que inhalas la planta comienza a crecer. Ahora imagina a la semilla justo debajo de tu estómago. Se queda allí durante un momento y luego sigue creciendo hacia arriba. Cada vez que respiras sube hasta tu barriga, luego al corazón, luego a tu garganta, luego hasta el medio de tu frente. Ahora imagina un campo ondulado repleto de girasoles en flor. Tú eres el girasol, mirando el cielo y la tierra desde lo alto. Ahora imagina que tomas una corona llena de girasoles y la te la colocas a en la cabeza. Imagina los girasoles de la corona deshojándose pétalo a pétalo y bañando tu cuerpo de una luz dorada.

Alejándote en un velero

Dígales a los niños: -Súbete a un pequeño bote. Siente cómo el agua te mece de aquí para allá, de aquí para allá, como si tu madre o tu padre estuvieran acunándote en sus brazos. Te sientes en paz, a salvo, relajado. Inhalas y exhalas. El velero se mece suavemente en el lago, flotando, feliz. Llega hasta una pequeña isla. Te levantas y miras a tu alrededor. ¿Cuál es tu isla? ¿Qué ves? Alguien está allí para recibirte. Te llevan a algún lugar. ¿A dónde? ¿A una ciudad, a un castillo? ¿Un jardín, una selva? ¿Qué ves, qué lugares visitas? ¿Quién está ahí? Quédate allí un momento. Explora este lugar durante un momento. Pero ya es hora de decir adiós.

La persona que te recibió te entrega un presente. ¿Qué es? ¿Qué se supone que debes hacer con él? Agradécele el regalo. Sube a tu velero, regresa a casa. Meciéndote de aquí para allá, lenta, muy lentamente. Relájate. Déjate llevar.

Puntos del cuerpo

Dígales a los niños: -Comenzando por la parte superior de tu cabeza, inhala. Exhala hasta la pierna derecha. Vuelve a inhalar hasta la cabeza, exhala hasta la pierna izquierda. Inhala hasta la cabeza, exhala hasta el cóccix. Inhala hasta la cabeza, exhala hasta el estómago. Inhala hasta la cabeza, exhala hasta el corazón. Inhala hasta la cabeza, exhala hasta la mano derecha. Inhala hasta la cabeza, exhala hasta la mano izquierda. Inhala hasta la cabeza, exhala hasta el cuello. Inhala hasta la cabeza, exhala hasta la frente. Inhala y exhala hasta la parte superior de tu cabeza. Luego suelta el aire. Vuelve a concentrarte en el corazón.

Final de savasana

Destine entre 2 y 5 minutos para el momento de relajación, y luego cántales suavemente la canción de la respiración. Toque la campana y dígales a los niños que comiencen a mover los dedos de los pies y las manos y que luego inhalen y estiren los brazos por encima de la cabeza. Que lleven las rodillas al mentón y las abracen, luego que rueden sobre el lado derecho y descansen. Luego que usen sus brazos para levantarse y sentarse.

Después de *savasana*, haga que los niños hablen de sus experiencias y cuenten historias sobre lo que hicieron, adónde fueron y cómo se sintieron. Anímelos a dar detalles y a contar más partes de la historia preguntándoles: -¿Qué sucedió después?

Aliéntelos para que escriban historias, anoten sus sueños, pinten cuadros, dibujen, hagan esculturas o lo que deseen para expresar sus experiencias durante *savasana*.

FINALES

Cómo finalizar una clase

Pídales a algunos niños que vuelvan a relatar el cuento principal. Uno puede narrar el principio y los otros el desarrollo y el final. Ayúdelos con detalles o elementos de la historia, si es necesario.

Después de que cada niño diga su parte, pídale que le muestre a la clase una postura que recuerde de esa parte de la historia. Aliente a los niños a practicar esas posturas en sus casas.

Permita que un niño que se haya portado bien y haya participado, o el que más haya mejorado, tenga el honor de hacer sonar la campana, o de despedirse del títere u objeto. Pueden guardarlo en su caja especial, si la hubiere.

Cielo y tierra

Para comenzar, los niños están con las piernas cruzadas. Los dedos índice y pulgar juntos, formando un triángulo. Comenzando en la base de la columna digan: -Yo soy.. Luego, llevando las manos a la postura de rezo, *anjali mudra*, frente al corazón: -Yo soy amor. Luego, las manos se colocan arriba de la cabeza, de nuevo con los dedos índice y pulgar juntos, con las palmas alejadas: -Yo soy luz. Flexionando a la altura del codo, la mano derecha hacia arriba, dedos índice y pulgar juntos: -Yo soy cielo. Mano izquierda, dedos índice y pulgar juntos, señalando hacia abajo: -Yo soy tierra.

Alzar las manos a los costados, flexionando a la altura de los codos. Hacer círculos con las manos y los antebrazos: -Yo soy la creación. Invertir la dirección de los círculos: -Yo soy destrucción. Invertir otra vez: -Yo soy la creación. Los brazos cruzados al frente del cuerpo: -Yo soy una criatura de Dios (luz, amor, etc.). Soltar los brazos y llevar las manos al cielo. Volver a cruzar los brazos al frente del cuerpo. Permanecer en silencio durante unos segundos.

Final con namasté

El ritual de yoga está finalizado, todos los estudiantes llevan sus manos a la postura de rezo, *anjali mudra*, y se inclinan en namasté.

———————————————

Muchas gracias por haber leído el manual Cuentos para aprender yoga. ¡No deje de visitar la página de Internet de Cuentos para aprender yoga [Storytime yoga] y de inscribirse en *El Lotus*, una revista virtual con las últimas noticias, cuentos e ideas para mantener a los niños sanos y felices! ¡Inscríbase en www.StorytimeYoga.com y también recibirá los últimos correos con nuevos cuentos en lenguaje de yoga!

¡Que encuentre dicha, paz, felicidad y satisfacción compartiendo yoga y cuentos con los más pequeños!

OM SHANTI.

Sydney

RECURSOS DE YOGA Y NARRACIÓN DE CUENTOS

BIBLIOGRAFÍA DE YOGA Y MEDITACIÓN

Brunhoff, Laurent de. *Yoga for Elephants.* (Yoga para elefantes). Nueva York: Harry N. Abrams, 2002.

Chanchani, Rajiv, y Swati Chanchani. *Yoga for Children.* (Yoga para niños). New Delhi: UBS Pub. Dist. Ltd., 1995

Children of Yogaville. *Hatha Yoga for Kids, by Kids!* (Hata Yoga para niños, ¡por niños!). Buckingham: Integral Yoga, 1990.

Cohen, Kenneth K. *Imagine That! A Child's Guide to Yoga.* (¡Imagínate eso! Guía de yoga para niños.) Buckingham: Integral Yoga, 1983.

Garth, Maureen. *Starbright, Meditations for Children.* (Estrella brillante, meditaciones para niños.). Australia: Harper and Collins, 1994.

Iyengar, B.K.S. *Light on Yoga.* (Luz sobre el yoga). Nueva York: Shocken Books, 1966.

Kaur Khalsa, Shakta. *Fly like A Butterfly, Yoga for Children.* (Vuela como una mariposa, yoga para niños.) Portland: Rudra Press, 1998.

Lark, Liz. *Yoga for Young People.* (Yoga para gente joven). Nueva York: Sterling Publishing, 2003.

Luby, Thia. Children's Book of Yoga: Games & Exercises Mimic Plants & Animals & Objects. (El libro de yoga para niños: Juegos y ejercicios que imitan a las plantas, a los animales y a los objetos.) Don Diego: Clear Light, 1998.

Mc.Lean, Kerry Lee. *Peaceful Piggy Meditation.* (La meditación del cerdito tranquilo.) Morton Grove: Albert Whitman, 2004.

Mipham, Sakyong. *Turning the Mind Into an Ally.* (Cómo convertir a la mente en nuestra aliada.) Nueva York: Riverhead Books, 2003.

Radha, Swami Sivananda. *Hatha Yoga: The Hidden Language - Symbols, Secrets and Metaphor.* (Hatha Yoga: El lenguaje oculto - Símbolos, secretos y metáforas.) Spokane: Timeless Books, 1995.

Yoga Journal - **www.yogajournal.com**
Yoga International Magazine - **www.yimag.com**

Anusara Yoga - **www.anusara.com**
Radiant Yoga for Children (Yoga radiante para niños) - **www.susankramer.com/yoga.html**
YogaKids International - **www.yogakids.com**

www.braingym.com
www.storytimeyoga.com
www.mythicyoga.com

BIBLIOGRAFÍA DE CUENTOS

Bauer, Caroline Feller. *New Handbook for Storytellers.* (Nuevo manual para narradores.) Chicago: ALA, 1993

Bayat, Mojdeh, y Jamnia Mohammad. *Tales from the Land of the Sufis.* (Cuentos de la tierra de los Sufíes.) Boston: Shambhala, 2001

Bennett, William J. *The Children's Book of Virtues.* (El libro de las virtudes de los niños). Nueva York: Simon, 1995.

---. *The Moral Compass.* (El compás moral.) Nueva York: Simon, 1995

---. *The Book of Virtues.* (El libro de las virtudes). Nueva York: Simon, 1995.

Bhakta, Amal. *Mystical Stories from the Mahabharata: Twenty Timeless Lessons in Wisdom and Virtue.* (Historias místicas del Mahabharata: Veinte eternas lecciones de sabiduría y virtud.) Badger: Torchlight Publishing, 2000.

Cox, Allison M., y David H. Albert, eds. *The Healing Heart: Storytelling to Encourage Caring and Healthy Families.* (El corazón curativo: Cuentos para promover familias comprensivas y sanas.) Garviola Island, BC: New Society Publishers, 2003.

Conover, Sarah, Kindness. *A Treasury of Buddhist Widsom for Children and Parents.* (Un tesoro de sabiduría budista para niños y padres.) Spokane: Eastern Washington UP, 2001.

Chodzin, Sherab, y Alexandra Koh. *The Wisdom of the Crows and other Buddhist Tales.* (La sabiduría de los cuervos y otros cuentos budistas.) Bristol, UK: Barefoot Books, 1998.

Demi. *Buddha Stories.* (Historias de Buda). Nueva York: Henry Holt, 1997.

Dormer, Cindy. *Hold that Thought For Kids: Capturing Precious Memories Through Fun Questions, Images and Conversations.* (Guarde ese pensamiento para los niños: Cómo capturar recuerdos queridos a través de preguntas, imágenes y conversaciones divertidas.) Englewood: Brightside, 2004.

Edwards, Carolyn Mc Vickar. *In the Light of the Moon: Thirteen Lunar Tales from Around the World Illuminating Life's Mysteries.* (A la luz de la luna: Trece cuentos lunares de todo el mundo que iluminan los misterios de la vida). Nueva York: Marlowe, 2003.

Forest, Heather. *Wisdom Tales from Around the World.* (Cuentos de sabiduría de todo el mundo). N.p.: August House, 1996.

Holt, David y Bill Mooney. *Ready-to-Tell Tales: Surefire Stories from America's Favorite Storytellers.* (Historias listas para contar: Cuentos infalibles de los narradores favoritos de los Estados Unidos). N.p. August House, 1994.

Lupton, Hugh. *Tales of Wisdom and Wonder.* (Cuentos de sabiduría y milagro.) Bristol, UK: Barefoot Books, 1998.

MacDonald, Margaret Read. *Peace Tales: World Folktales to Talk About.* (Cuentos de paz: Cuentos folclóricos de todo el mundo para conversar.) Hamden: Linnet, 1992.

Maguire, Jack. *The Power of Personal Storytelling: Spinning Tales to Connect with Others.* (El poder de la narración personal: Cómo hilar los cuentos para conectarnos con los demás.) Nueva York: Putnam, 1998.

Millman, Lawrence. *A Kayak Full of Ghosts: Eskimo Folk Tales.* (Un kayak lleno de fantasmas: Cuentos folclóricos esquimales.) Northampton: Interlink, 2004.

Martin, Rafe. *One Hand Clapping: Zen Stories for All Ages.* (Una mano aplaudiendo: Cuentos Zen para todas las edades.) Nueva York. Rizzoli, 1995.

McDermott, Gerald. Toda la bibliografía de este autor, ganador de la medalla Caldecott.

Meade, Erica Helm. *The Moon in the Well: Wisdom Tales to Transform Your Life, Family and Community.* (La luna en el pozo: Cuentos de sabiduría para transformar tu vida, tu familia y tu comunidad.) Perú: Carus Publishing, 2001.

Iglesia mormona. *Family Home Evening Resource Book.* (El libro de recursos para el encuentro familiar en el hogar.) Salt Lake City: Iglesia mormona, 1983.

Murdoch, Maureen, *Spinning Inward: Using Guided Imagery with Children for Learning.* (Hilando hacia adentro: Cómo usar las imágenes guiadas con los niños para el aprendizaje, la creatividad y la relajación.) Boston: Shambhala, 1997.

Otto, Gina. *Cassandra's Angel.* (El ángel de Casandra.) Denver: Gina's Ink. 2001.

Pearmain, Elisa Davy. *Doorways to the Soul: 52 Wisdom Tales from Around the World.* (Puertas al alma: 52 cuentos de sabiduría de todo el mundo.) Cleveland: Pilgrim Press, 1988.

Pellowski, Anne. *The Storytelling Handbook.* (El manual de la narración de cuentos.) Nueva York: Simon, 1995.

Ragan, Kathleen. *Fearless Girls, Wise Women and Beloved Sisters: Heroins in Folktales from Around the World.* (Niñas valientes, mujeres sabias y hermanas queridas: Heroínas de cuentos folclóricos de todo el mundo.) Nueva York: Norton, 1998.

Roberts, Moss. *Chinese Fairy Tales and Fantasies.* (Cuentos de hadas y fantasías chinos.) Nueva York: Pantheon, 1979.

Schwartz, Howard. *Elijah's Violin and Other Jewish Fairy Tales.* (El violín de Elías y otros cuentos de hadas judíos.) Nueva York: Harper, 1983.

Shivkumar. *Stories From Panchatantra.* (Cuentos de Panchatantra.) New Delhi: Children's Book Trust, 1994.

Shah, Idries, *Tales of the Dervishes.* (Cuentos de los derviches.) Nueva York: Penguin, 1993.

---.*The Pleasantries of the Incredible Mulla Nasrudin.* (Ocurrencias del increíble Mulla Nasrudin.) Nueva York: E. P. Dutton, 1971.

Simms, Laura. *Stories to Nourish the Hearts of our Children in a Time of Crisis.* (Historias para nutrir el corazón de nuestros hijos en un tiempo de crisis.) Nueva York: n.p., 2001.

---. *Becoming The World. (Convirtiéndose en parte del mundo.)* N.p.: Mercy Corps, 2003.

---. *The Robe of Love: Secret Instructions for the Heart.* (La toga del amor: Instrucciones secretas para el corazón.) New Paltz: Codhill Press, 2002.

Healing Story Alliance – **www.healingstory.org**
Joseph Campbell Foundation. **www.JCF.org**
National Storytelling Network – **www.storynet.org**
Spellbinders Volunteer Storytellers – **www.spellbinders.org**
Parabola – www.parabola.org

www.aaronshep.com
www.mythinglink.org
www.spiritoftrees.org
www.storycraft.com
www.wisdomtales.com

LECTURA SUGERIDA

Elgin, Duane, *Voluntary Simplicity: Towards a Way of Life that is Outwardly Simple, Inwardly Rich.* (Simplicidad voluntaria: Hacia un estilo de vida simple por fuera, rico por dentro.) Nueva York: William Morrow, 1993.

Estes, Clarissa Pinkola. *Women Who Run With the Wolves: Myths and Stories of the Wild Woman Archetype.* (Mujeres que corren con los lobos: Mitos e historias del arquetipo de mujer salvaje.) Nueva York: Ballantine, 1992.

Feinstein, David y Stanley Krippner. *The Mythic Path: Discovering the Guiding Stories of Your Past. – Creating a Vision for your Future.* (El sendero mítico: Descubrimiento de las historias rectoras de tu pasado – Creación de una visión para tu futuro.) Nueva York: Jeremy P. Tarcher, Putnam, 1997.

---. *Personal Mythology: Using Ritual, Dreams and Imagination to Discover Your Innter Story.* (Mitología personal: Cómo usar el ritual, los sueños y la imaginación para descubrir tu historia interior.) Nueva York: Jeremy P. Tarcher, Putnam, 1988.

Fox, John. *Poetic Medicine: The Healing Art of Poem-Making.* (Medicina Poética: El arte curativo de la escritura de poemas.) Nueva York: Jeremy P. Tarcher, Putnam, 1997.

Hollis, James. *Creating a Life: Finding your Individual Path.* (Creando una vida: Cómo encontrar tu sendero personal.) Station Q, Toronto: Inner City Books, 2001.

Johnson, Robert A. *Inner Work: Using Dreams and Active Imagination for Personal Growth.* (Trabajo interior: Cómo usar los sueños y la imaginación activa para el crecimiento personal.) San Francisco. Harper, 1988.

Keen, Sam y Anne Valley Fox. *Your Mythic Journey: Finding Meaning in Your Life Through Writing and Storytelling.* (Tu viaje mítico: Cómo encontrar significado en tu vida mediante la escritura y la narración.) Nueva York: Jeremy P. Tarcher, Putnam, 1973.

Muller, Wayne. *Sabbath: Finding Rest, Renewal and Delight in our Busy Lives.* (Sabbath: Cómo encontrar tranquilidad, renovación y deleite en nuestras atareadas vidas.) Nueva York: Bantam, 1999.

Weintraub, Amy. *Yoga for Depression: A Compassionate Guide to Relieving Suffering Through Yoga.* (Yoga para la depresión: Una guía compasiva para aliviar el sufrimiento mediante el yoga.) Nueva York: Broadway Books, 2004.

FUENTES DE CUENTOS PARA APRENDER YOGA

La mayoría de estos cuentos los escuché de niña y son muy conocidos. Las siguientes son varias fuentes.

EL CONEJO EN LA LUNA – India

Bauer, Carolina Feller. *New Handbook for Storytellers: With stories, poems, magic, and more.* (Nuevo manual para narradores: con cuentos, poesías, magia y mucho más.) Chicago: ALA, 1993.

White, Rosalyn. *The Rabbit in the Moon.* (El conejo en la luna.) N.p: Dharma, 1989

Adler, Naomi: *Dial book of animal tales from around the World.* (El libro Dial de cuentos de animales de todo el mundo.) Nueva York: Dial Books for Young Readers, 1996.

EL SUEÑO DEL BUHONERO – Inglaterra

Este cuento tiene su origen en Las mil y una noches.

The Book of the Thousand Nights and a Night. (El libro de las mil y una noches.) Trans. Richard F. Burton. Londres, 1885.

Hartland, Edwin Sydney. *English Fairy and Other Folk Tales.* (Cuentos de hadas y otros cuentos folclóricos ingleses.) Londres, [c. 1890]. 76-77. La fuente de Hartland es el diario de Abraham de la Pryme, 10 de noviembre, 1699.

Lupton, Hugh. *Tales of Wisdom and Wonder.* (Cuentos de sabiduría y milagro.) Bristol, Inglaterra: Barefoot Books, 1998.

Otra versión:

The Magic Orange Tree, and other Haitian folktales (El naranjo mágico, y otros cuentos populares haitianos), de Diana Wolkstein. Nueva York: Knopf, 1978.

Una buena versión:

Cohelo, Paolo. *The Alchemist.* (El alquimista.) San Francisco: Harper, 1995.

EL BIGOTE DEL LEÓN – Inglaterra

Forrest, Heather. *Wisdom Tales From Around the World.* (Cuentos de sabiduría de todo el mundo.) Little Rock: August House, 1996.

Abdallah, Ali Lutfi. *The Clever Sheik of the Butana and other Stories: Sudanese Folk Tales.* (El ingenioso jeque de Butana y otras historias: Cuentos populares sudaneses.) Nueva York: Interlink Books, 1999.

MacDonald, Margaret Read. *Peace Tales: World Folktales to Talk About.* (Cuentos de paz: Cuentos folclóricos de todo el mundo para conversar.) North Haven: Linnet, 1992.

EL PERAL MÁGICO – Inglaterra

Livo, Norma. *Moon cakes to Maize: Delicious World Folktales.* (De los pasteles lunares al maíz: Deliciosos cuentos folclóricos del mundo.) Golden: Fulcrum, 1999.

Ma, Y.W., y Joseph S. M. Lau, eds. *Traditional Chinese Stories.* (Cuentos chinos tradicionales.) Nueva York: Columbia UP, 1978.

Roberts, Moss. *Chinese Fairy Tales and Fantasies.* (Cuentos de hadas y fantasías chinos). Nueva York: Pantheon Books, 1979.

Chang, Margaret, and Raymond Chang. *The Beggar's Magic.* (La magia del mendigo). Nueva York: Margaret K. McElderry Books, 1997.

DIAMANTES, RUBÍES Y PERLAS – Alemania

Escuché muchas veces esta historia mientras crecía. Los niños me han dicho que por ahí hay un libro entero de este cuento, y que la historia continúa. También se lo escuché a la Dra. Clarissa Pinkola Estes. Es una versión del cuento de hadas de Grimm, Madre Hulda.

LA LECCIÓN DE GANESHA – India

Revista *Parabola.* Volumen 24, N° 1, 1999.

Krishnaswami, Uma. *The Broken Tusk: Stories of the Hindu God Ganesha.* (El colmillo roto: Cuentos del dios hindú Ganesha.) North Haven: Linnet, 1996.

LA DANZA DEL BÚFALO – Indios americanos

Ewers, John. *The Blackfeet.* (Los pies negros.) Norman: University of Oklahoma P, 1958.

Moyers, Bill, y Joseph Campbell. The Power of Myth. (El poder del mito). Nueva York: Anchor, 1991.

Van Laan, Nancy. *The Buffalo Dance.* (La danza del búfalo.) Boston: Little, 1993.

Joseph Campbell and the Power of Myth. (Joseph Campbell y el poder del mito.) Con Hill Moyers. Mystic Fire Video, 2001.

EL MARINERO NÁUFRAGO – Egipto

Este cuento fue hallado en un antiguo papiro en el Museo Hermitage de Moscú.

Eva March Tappan, ed. *The World's Story: A History of the World in Story, Song and Art.* (El cuento del mundo: La historia del mundo en cuentos, canciones y arte.) Boston: Houghton Mifflin, 1914.

Bower, Tamara. *The Shipwrecked Sailor.* (El marinero náufrago). Nueva York: Atheneum Books for Young Readers, 2000.

Seton-Williams, M.V. *Egyptian Myths and Legends.* (Mitos y leyendas de Egipto). Nueva York: Barnes, 1999.

Namasté

Felizmente   Sydney Solis

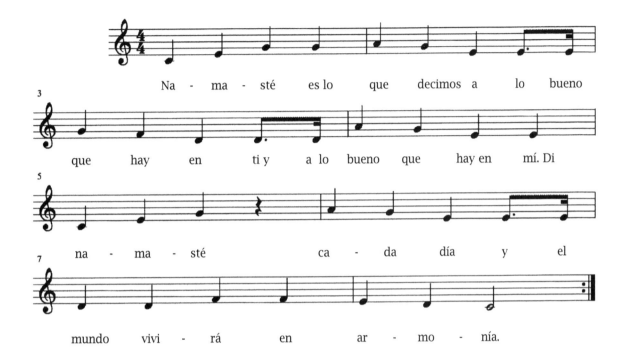

Na - ma - sté es lo que decimos a lo bueno

que hay en ti y a lo bueno que hay en mí. Di

na - ma - sté ca - da día y el

mundo vivi - rá en ar - mo - nía.

Transcrito por Jennifer Thomas

Canción de la respiración

Alegre

Sydney Solis

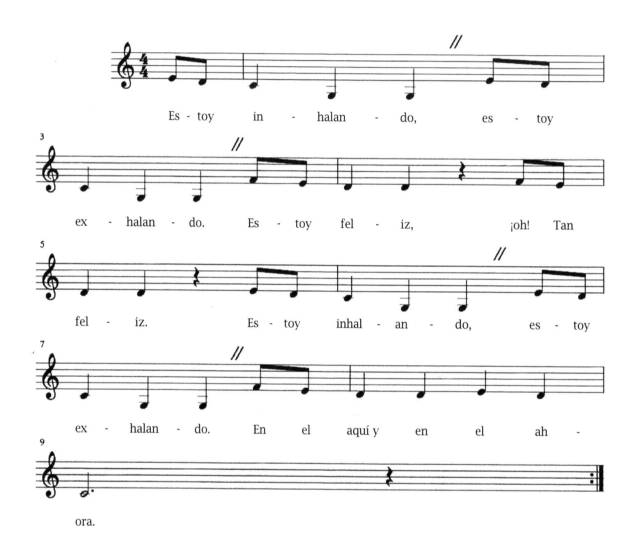

Es - toy   in - halan - do,   es - toy

ex - halan - do.   Es - toy   fel - iz,   ¡oh!   Tan

fel - iz.   Es - toy   inhal - an - do,   es - toy

ex - halan - do.   En   el   aquí y   en   el   ah -

ora.

Transcrito por Jennifer Thomas

Canción del oso polar

Vivazmente   Sydney Solis

Transcrito por Jennifer Thomas

Canción de la chita

Con energía

Sydney Solis

Ch - ita, chi - ta, ch - ita,   corri - endo por la hierba.

Ch - ita,   chi - ta,   ch - ita,   corri - endo veloz - men - te.

¡Corr - i - en - do, corr - i - en - do,   corri - endo!

Yo soy amor

Con amor

Sydney Solis

Yo soy am - or, yo soy am - or, yo s - oy. Yo soy p - az,

yo soy p - az, yo s - oy. Yo soy aleg - ría, yo soy aleg - ría,

yo s - oy. Yo soy amor, yo soy paz, yo soy alegría,

Yo soy, yo soy.

Transcrito por Jennifer Thomas

ACERCA DE LA AUTORA

Sydney Solis creció en Boulder, Colorado. Estudió teatro y danza en la Universidad de Colorado, y participó en un programa de trabajo y estudio en el Nancy Spanier Dance Theatre. Se recibió de periodista y de profesora del idioma español en el Metropolitan State Collage de Denver, y trabajó como periodista y laureada fotógrafa en Colorado, California, México y Ecuador.

En el año 2000 se convirtió en narradora y fue voluntaria Spellbinder en escuelas públicas. Su debut profesional fue en 2004 durante la Conferencia de Narradores de Rocky Mountain con *The Golden Cucumber, Stories from Indonesia* (El pepino dorado, cuentos de Indonesia), que también es un CD de narraciones. También es co-autora de *Hot Today, Gone Tamale and other Tummy Tales.* (Hoy calor, lejos tamal, y otros cuentos de la barriga).

Participó en numerosos festivales de narración, bibliotecas, escuelas y conferencias en Colorado y en todo el país. Enseña clases de yoga y narración y dicta talleres a niños y adultos por todo el país, incluyendo la conferencia "Cómo curar mediante los cuentos" (Healing Through Story Conference) y la "Liga para el avance de la narración de Nueva Inglaterra" (League for the Advancement of New England Storytelling).

Sydney se desempeñó como maestra de inglés como segunda lengua en escuelas públicas primarias y secundarias y pasó siete años dictando clases Montessori para niños. También fue voluntaria en el Departamento de Salud del Condado de Kern y enseñó alfabetismo para adultos.

Es asociada de la Fundación Joseph Campbell y es anfitriona de reuniones de la mesa redonda JCF por todo el estado de Colorado. Para más información, visite **www.JCF.org**.

Sydney es viuda, tiene dos hijos pequeños y vive en una pequeña casa con un enorme jardín y dos gatos en Boulder, Colorado.

Para más información, puede verla en sus páginas:

www.MythicYoga.com
www.StorytimeYoga.com

CUENTOS PARA APRENDER YOGA
CUPÓN DE PEDIDO

Para pedir más copias de este libro, por favor visite la página:

www.storytimeyoga.com

OTROS LIBROS, AUDIO Y VIDEOS DISPONIBLES

LIBROS
El tesoro en tu corazón: Yoga y cuentos para niños tranquilos
(The Treasure in your Herat: Yoga and Stories for Peaceful Children)

AUDIO
El sueño del buhonero: Cuentos de sabiduría de todo el mundo
(The Peddler's Dream: Wisdom Stories from Around the World)

Acompañamiento MP3 para
Cuentos para aprender Yoga™: Cómo enseñarles yoga a los niños mediante el uso de cuentos
(Storytime Yoga™: Teaching Yoga to Children Through Story)

DVD
El sueño del buhonero
(The Peddler's Dream)

VIDEO
El sueño del buhonero: Cuentos para aprender yoga en vivo
(The Peddler's Dream: Storytime Yoga Live)

Cuentos de fe, curación y transformación
(Stories of Faith, Healing and Transformation)

Aprenda a usar en profundidad el método Cuentos para aprender Yoga™
Inscríbase para una capacitación para padres/maestros en su área
o para clases por Internet.

Inscríbete en Lotus, la revista virtual de Cuentos para aprender Yoga™ ,
donde podrás encontrar el programa de clases de Sydney ¡además de audios y cuentos gratis!

Únete a la Liga de Narradores de Yoga (LOYS, por sus siglas en inglés)

The Mythic Yoga Studio
PO Box 3805
Boulder, CO 80307
303-456-6311

NOTAS:

NOTAS:

NOTAS:

NOTAS:

"Lo más incomprensible del mundo es que sea comprensible."

— Albert Einstein

Namaste